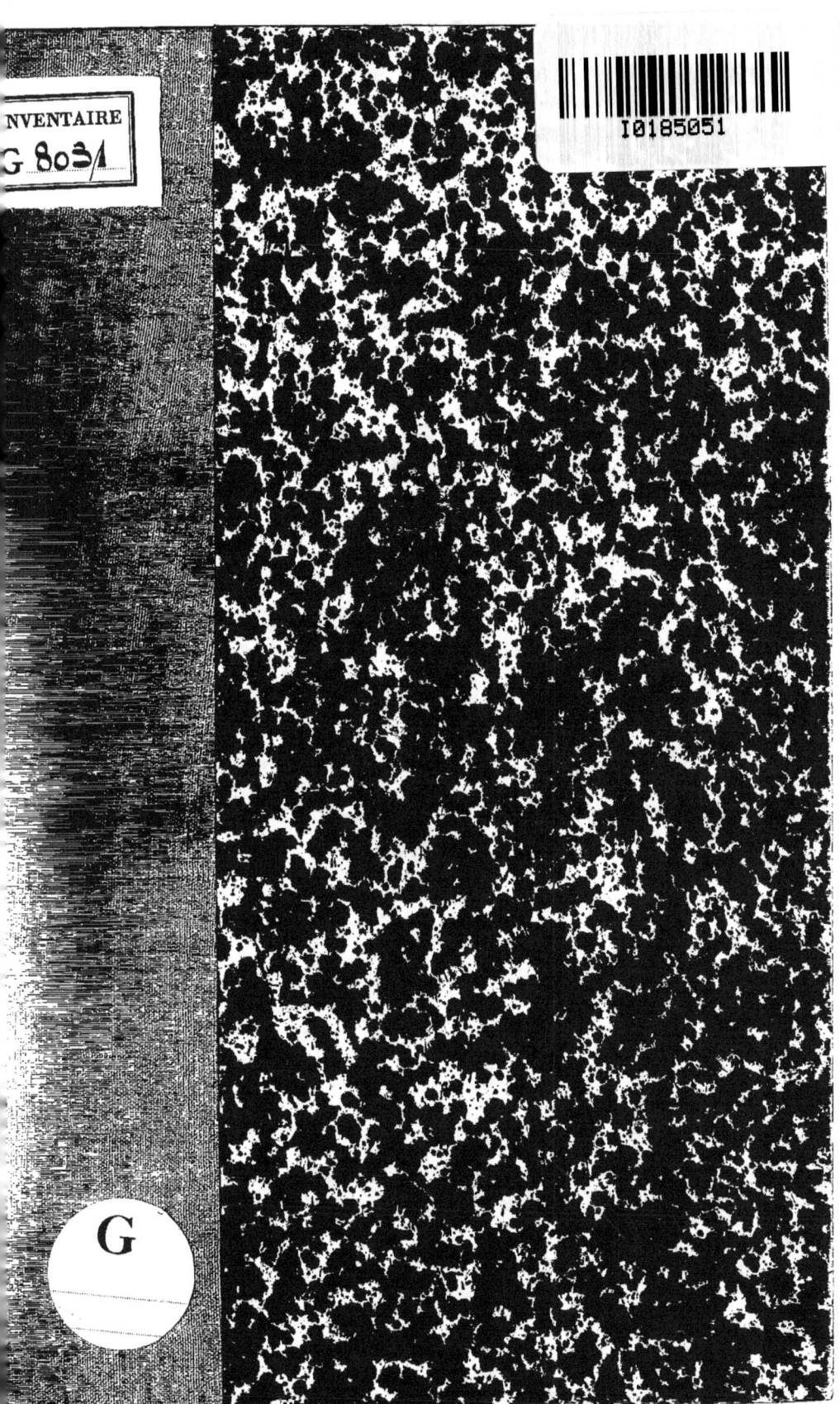

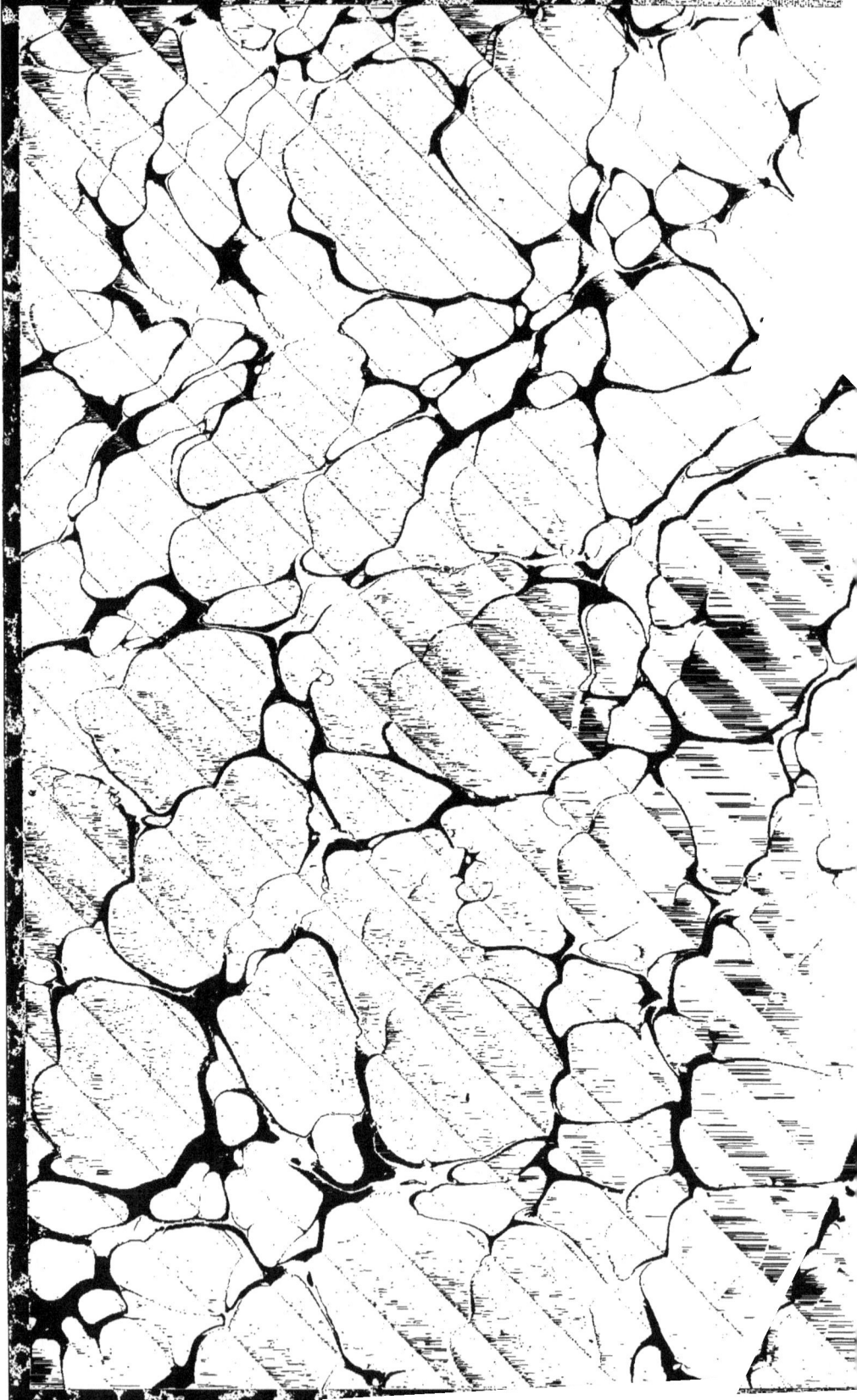

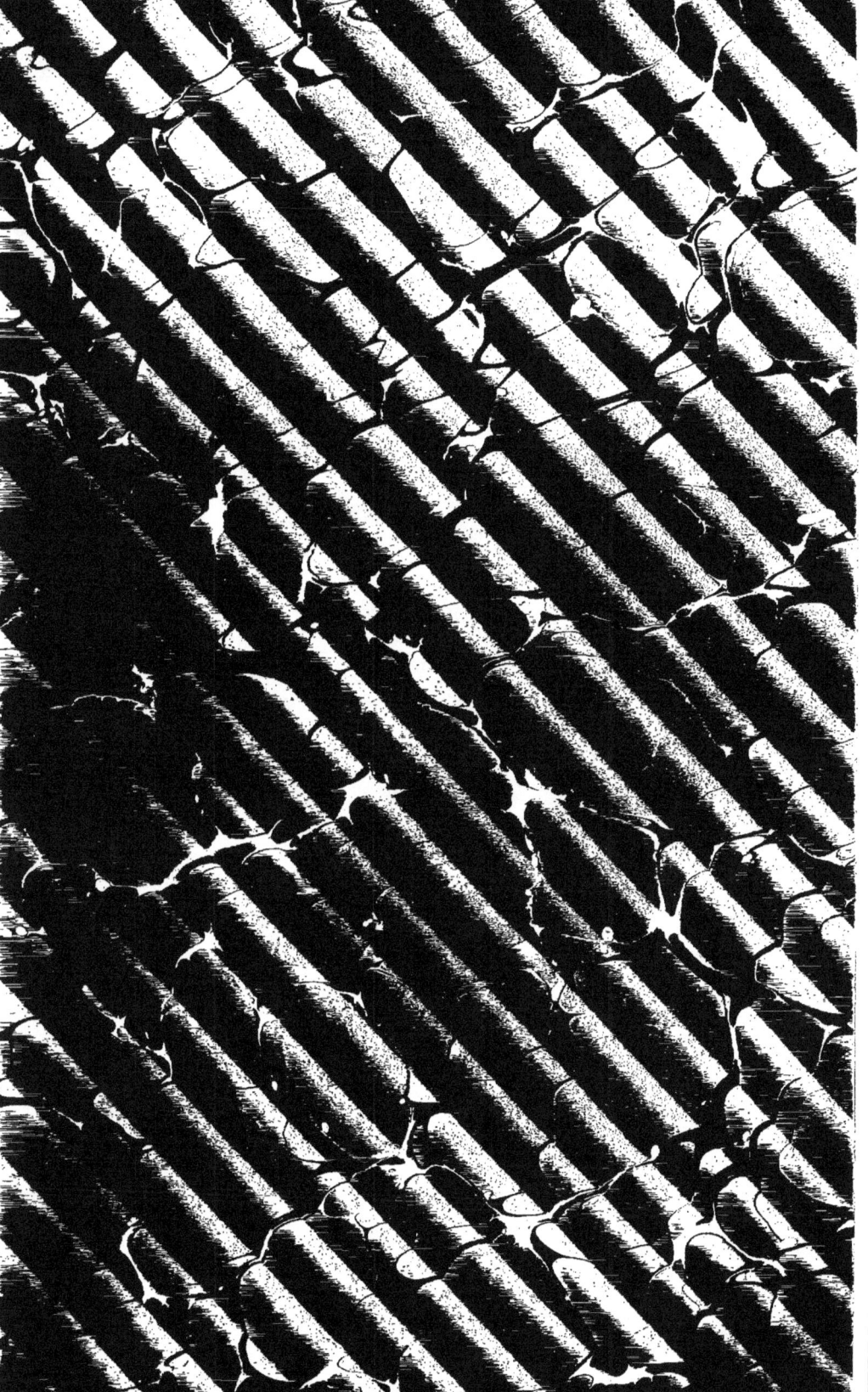

# LE TOUR DU MONDE
## TINTAMARRESQUE.

## PRÉFACE

Le titre de cet ouvrage nous dispense de tout programme.

Quant au but de l'auteur, c'est toujours le même que celui qu'il a poursuivi en publiant son Histoire de France, son Histoire de Napoléon III tintamarresques, son Trombinoscope : INSTRUIRE EN AMUSANT.

Dans ces différents ouvrages, où la satire & la folie sont entremêlées avec tant de verve, Touchatout a constamment respecté la vérité ; ses charges les plus insensées reposent sur les faits vrais, et l'exactitude de ses récits historiques est si scrupuleuse, qu'on peut rigoureusement apprendre l'histoire dans ses livres.

Il en sera de même pour le Tour du Monde tintamarresque, destiné à initier le lecteur aux mœurs, usages, coutumes et caractères des différents peuples du globe.

Dessinateurs & écrivain s'efforceront de donner une idée complète de la manière de vivre des différents peuples du globe, et laisseront au lecteur le soin de comparer ces peuples entre eux et de rapprocher leurs habitudes des nôtres.

Il arrivera peut-être bien que, dans quelques cas, la comparaison ne sera pas à notre avantage.

Ce que nous appelons complaisamment la barbarie des autres aura peut-être quelquefois le dessus sur ce que nous aimons à nommer « notre civilisation. »

Le point d'honneur, la morale, le droit, le devoir sont compris différemment partout. L'auteur n'apportera aucun parti pris dans son travail. Ce sera au lecteur à peser, à se faire une opinion, et à décider si les peuples sauvages qui mangent de la chair humaine sont plus ou moins arriérés, plus ou moins près de la vérité que les nations policées qui avalent..... le miracle de la Salette, les professions de foi des candidats monarchiques & les actions des Galions de Vigo.

L'Éditeur.

# PROLOGUE

C'était par une belle matinée d'août 1874 — un dimanche. — Les Parisiens se dirigeaient en foule vers le Trocadéro, où un spectacle des plus curieux les attendait.

Depuis une quinzaine de jours, les murs de la capitale étaient émaillés d'affiches rouges conçues en ces termes :

### L'HOMME VOLANT

a l'honneur d'informer le public qu'il partira du Trocadéro le troisième dimanche d'août, à onze heures précises.

Il ira se poser successivement sur l'arc de triomphe de l'Étoile, le dôme des Invalides & le fort du Mont-Valérien, d'où il prendra son vol pour se rendre directement à Pithiviers.

※

A l'heure dite, l'homme volant apparut à la foule. Il avait aux bras et aux jambes des ailes gigantesques.

Des fils partant de ces ailes aboutissaient tous à une grande boîte carrée, placée sur l'estomac de l'homme volant.

Cette boîte était munie d'un puissant ressort destiné à mettre les ailes en mouvement.

Quatre leviers, répondant aux quatre points cardinaux, devaient, selon les besoins de l'expérimentateur, lui servir à se diriger dans les airs.

※

A onze heures précises, l'homme volant, au moyen d'une énorme clef, remonta son ressort et s'éleva dans les airs avec rapidité.

Bientôt il disparut aux yeux de la foule ébahie.

※

Mais on n'en eut plus de nouvelles. Il ne descendit ni à Pithiviers, ni ailleurs.

On pensa qu'il était tombé dans quelque étang et s'y était noyé.

La population parisienne en parla pendant quelques jours et retourna à la Fille de madame Angot.

※

Voici ce qui était arrivé :

Parvenu à trois cents pieds au-dessus du sol, l'homme volant avait, dans un faux mouvement, laissé tomber à terre une pièce de sa machine, qui devait lui servir à l'arrêter.

Le ressort, livré à lui-même, s'était déroulé avec une force effrayante, faisant jouer les ailes si violemment qu'elles emportaient l'homme volant à travers l'espace avec une vitesse de deux cents lieues à l'heure.

Le lendemain, il tomba au beau milieu d'une plaine immense.
Il gagna une route et demanda au premier passant qu'il rencontra s'il était loin de Pithiviers.

Le passant lui répondit qu'il ne connaissait pas cet endroit-là dans les environs de Canton.

L'homme volant était en Chine!.....

* *

Notre héros n'était point un homme vulgaire. Il prit son parti de la situation, démonta ses ailes, les plia, les enferma dans son sac de nuit et se dit :

— Ma foi!... tant pis!... va pour la Chine!... Je vais profiter de ce que j'y suis pour prendre quelques notes & quelques croquis sur ce pays pour l'*Illustration*. Pendant ce temps, je me ferai fabriquer un frein par quelques serruriers d'ici, et je retournerai à Paris.

. . .

Il se mit donc à parcourir la Chine en amateur, dessinant les sites, questionnant les gardes champêtres, faisant causer les habitants.

Bref, il fut bientôt à même d'écrire sur ce curieux pays une relation assez complète que nous sommes heureux de pouvoir offrir à nos lecteurs.

. . .

# CHINE

La Chine est le plus vaste Empire du monde après l'empire des passions humaines.

Il en est aussi le plus ancien; car les nations qui passent aujourd'hui pour les plus policées du globe, étaient encore à l'état barbare, que déjà depuis longtemps les Chinois, très-raffinés dans leurs goûts, avaient inventé les cuissots de nouveau-nés braisés et les civets de belles-mères.

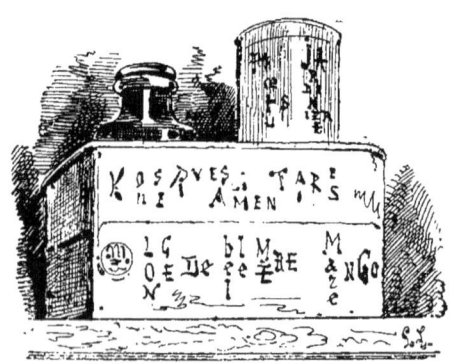

\*
\* \*

La Chine est bornée de tous côtés par d'énormes montagnes.

De grands déserts, la mer de Corée, la mer Jaune lui servent aussi de limites, ainsi que l'embouchure de l'Amour.

S'ils perdaient cette dernière frontière, les Chinoises en seraient au désespoir.

\*
\* \*

Au nord de l'Empire, les Chinois ont construit une énorme muraille de 2,500 kilomètres de longueur.

En la construisant, les Chinois avaient cru s'enfermer solidement chez eux. Mais les événements leur ont prouvé que la précaution était vaine et qu'ils avaient dépensé là beaucoup d'argent pour rien.

Ce vaste mur ne leur est plus aujourd'hui d'aucune utilité, et ils seraient bien contents d'en tirer un petit revenu, en l'affermant à une agence de publicité qui voudrait y faire peindre des annonces.

8   LE TOUR DU MONDE

*<br>* *

Au nombre des grands fleuves qui arrosent la Chine, nous citerons le Kiang et le Hoang-Ho ou fleuve Jaune, qui traverse le grand désert de Chamo, ce qui a fait penser pendant très-longtemps aux savants que c'était lui qui venait se jeter dans le grand ruisseau du bas de la rue des Martyrs.

*<br>* *

La fertilité de la Chine est prodigieuse. Tout y vient en abondance : fleurs, fruits, légumes, etc., etc.

Le sol est tellement généreux que les blanchisseurs sont obligés de ne planter en terre que des piquets de fer pour supporter les cordes sur lesquelles ils mettent sécher leurs draps et leurs chemises.

Les pieux de bois y poussaient si vite que le lendemain matin il fallait de grandes échelles pour aller décrocher le linge.

* * *

Les fleuves sont d'une telle largeur en Chine, qu'une partie de la population demeure sur l'eau, dans des espèces de bateaux fixes qui lui servent d'habitation.

Le climat est excessif. Il varie de 14 degrés au-dessous de l'Odéon jusqu'à 38 degrés au-dessus.

L'air y est sain, de grands vents d'Est balayent incessamment vers les déserts les quelques numéros du *Figaro* qui ont pu pénétrer dans l'Empire.

10  LE TOUR DU MONDE

         \*<br>
     \* \*

Le sol produit de la houille en grande quantité, mais ce combustible est tout à fait inutile aux Chinois.

Ils ont des puits de feu qui suffisent amplement à leurs besoins journaliers.

Comme nous avons sous terre des nappes d'eau, ils possèdent des nappes de soufre allumé ; ils n'ont qu'à faire un trou dans le sol et à placer au-dessus les aliments qu'ils veulent faire cuire.

         \*<br>
     \* \*

La population de la Chine est énorme. Les recensements annoncent 178 millions d'habitants; or, chaque année, ce nombre augmente en dépit des épidémies et de la famine.

Plusieurs auteurs ont recherché les causes de cet accroissement soutenu, et ne sont point parvenus à se mettre d'accord.

La raison la plus plausible que l'on ait trouvée jusqu'ici est que la longue queue de cheveux que les hommes ont l'habitude de porter, les réveille souvent la nuit en leur chatouillant les jambes.

※ ※

Les Chinois ont le teint jaune, le visage large et les pommettes saillantes. Le nez et la bouche sont très-petits.

Leur embonpoint est très-prononcé. Mais ils placent leur amour-propre dans l'exiguité de leurs mains et de leurs pieds.

Pour obtenir ce résultat, ils s'infligent dès leur jeunesse des supplices horribles, en comprimant leurs membres dans des moules étroits qui en combattent le développement.

Ils savent très-bien que les Européens trouvent cette coutume absurde ; mais ils s'en consolent en pensant que les Françaises ne sont pas beaucoup plus futées quand elles se sanglent la taille dans des corsets d'acier, jusqu'à ce que leur corps ait pris la forme d'un sablier à faire cuire les œufs à la coque.

### * * *

Les hommes, nous l'avons dit plus haut, se rasent la tête et n'y laissent croître qu'une touffe longue et épaisse qui leur pend dans le dos, et leur sert principalement à se retenir de tomber, en s'y accrochant avec les deux mains, quand ils glissent dans les rues sur des écorces d'oranges.

### * * *

Pour leurs vêtements, les hommes n'emploient que le bleu, le violet et le noir.

Les femmes s'habillent en vert et en rose.

Le jaune est exclusivement réservé pour la famille impériale, ce qui ne l'empêche pas d'en faire voir au peuple de toutes les couleurs.

### * * *

Les Chinois des îles, qui forment pour ainsi dire une race à part, n'observent pas les mêmes règles pour leur accoutrement.

Certaines tribus marchent nues, avec un court tablier qui leur pend sur le ventre.

Quand un coup de vent arrive, il leur relève brusquement le tablier sur la tête.

Alors, ils ne voient plus rien.

Mais les passants voient tout, ce qui rétablit l'équilibre.

Ces insulaires ont pour coutume de peindre les dents de leurs enfants en noir, dès l'âge de sept ans, afin que l'on voie bien que ce ne sont plus des dents de lait.

Ils ont aussi l'habitude de se tatouer tout le corps.

Ils y impriment toutes sortes de choses : des maximes, des quatrains, des prospectus & des annonces, et des caricatures militaires.

Un point qui mérite d'être signalé :

Les costumes des Chinois ne sont pas sujets aux caprices de la mode, et, depuis plusieurs millions d'années, il n'y a pas été apporté de modifications.

Cela — comme beaucoup d'autres choses d'ailleurs — tient évidemment au caractère routinier de ce peuple, que l'idée seule de la moindre réforme dans ses usages plonge dans des désespoirs violents.

Opiniâtrement attaché à ses coutumes, collé, cloué et vissé à ses traditions, le Chinois a l'horreur de tout ce qui est nouveau.

A la seule pensée qu'il pourrait prendre un lavement avec autre chose que l'antique seringue-vélocipède de ses aïeux, il s'ouvrirait le ventre.

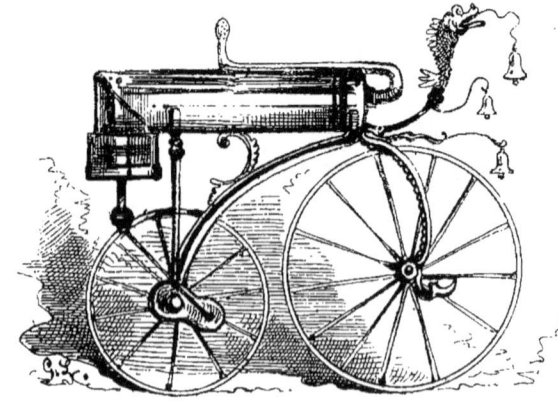

C'est ce qui explique aussi l'amour sacré & le respect profond qu'ont les Chinois pour leur souverain.

Ils l'ont, en naissant, trouvé sur le trône.

On leur a expliqué que ce souverain succédait à un autre, que cet autre en avait remplacé lui-même un précédent, que depuis d'innombrables siècles cela se passait ainsi ; et les Chinois n'ont jamais pensé qu'il pût jamais en être autrement, puisque cela durait depuis si longtemps.

En somme, on est bien un peu forcé de convenir que, dans beaucoup de pays qui passent pour moins arriérés que la Chine, les admirateurs de la monarchie seraient très-embarrassés de donner une meilleure raison de leur enthousiasme.

La polygamie est dans les mœurs et dans les lois des Chinois.

Ils ont le droit d'avoir plusieurs femmes, et ils en usent.

Le jour où l'on voudra qu'ils ne profitent pas autant de la permission, il n'y aura qu'à décréter qu'ils devront prendre les belles-mères avec.

Les femmes sont tenues dans un état d'infériorité absolue.

Les grands seigneurs enferment les leurs ; celles des pauvres circulent, mais elles sont réduites aux plus rudes travaux.

Il le faut d'ailleurs ainsi.

Et les Chinois ne sont pas les seuls qui aient compris que si les hommes facilitaient aux femmes les moyens de travailler le jour pour leurs besoins à elles, ils les décideraient moins facilement à travailler la nuit pour leurs plaisirs à eux.

\* \*

Comme tous les peuples qui vivent sous l'autorité absolue d'un souverain, et qui sont parvenus à s'y habituer, les Chinois sont en général gras, poltrons, libertins, amoureux avant tout de leur bien-être.

Châtrés au moral par le despotisme, ils n'ont que des besoins matériels. Pas d'aspirations.

Que chaque jour apporte sa somme de jouissances, qu'ils puissent faire malhonnêtement leur petit commerce (car le Chinois est trompeur), qu'ils digèrent tranquillement, qu'ils dorment grassement, voilà tout ce qu'ils demandent.

Suffisamment heureux d'être à l'engrais, ne se souciant ni de la honte de leur servitude, ni de leur état d'abjection morale, les Chinois aisés ont naturellement le respect du despotisme, qui leur épargne la peine de penser quand ils ont le ventre plein, en même temps qu'il leur inspire une admiration sans bornes pour la gendarmerie, qui empêche les pauvres de crier quand ils ont faim.

Quant à ce côté bourgeois & entripaillé du caractère chinois, nous ne garantissons pas qu'il soit bien original.

Et si nous jetons les yeux autour de nous, — quoique étant très-myope, — il ne nous sera peut-être pas difficile d'apercevoir l'équivalent de ce type de satisfait poussif.

\*
\*  \*

N'existe-t-elle pas en effet quelque part — et bien moins loin que la Chine — cette classe égoïste, vénale, dure, cruelle et stupide, qui sacrifie tout à sa béatitude du moment; cette classe de culs-de-jatte pléthoriques pour qui le chant du poète est un bruit discordant, le rêve du réformateur une utopie, et la plainte du pauvre un crime?...

N'est-ce donc qu'en Chine que l'on rencontre ces masses de repus à outrance, à qui leur gras fondu tient lieu de tout : de conscience, de sentiment, de dignité, de liberté et d'indépendance?

Et ne serait-ce pas cela qu'en d'autres lieux on appelle improprement : classes dirigeantes, par corruption de leur vrai nom, qui est : classes digérantes?

\*
\*  \*

Les Chinois ont l'innocente manie des prénoms. Ils en font une consommation insensée.

Indépendamment de leur nom de famille, les fils reçoivent un petit nom, puis un autre quand ils entrent à l'école, puis un nouveau quand ils fument leur première pipe; enfin, à chaque événement marquant de leur vie.

\*
\*  \*

Bien entendu, ils n'ont garde de déroger à cette coutume, lors de leur mariage.

Le jour de leur hymen, ils reçoivent deux nouveaux noms :

L'un, qu'ils choisissent eux-mêmes : l'équivalent dans leur langue d'*Arthur*, *Ernest*, *Gaston*, etc., etc.

L'autre, que le monde leur donne — et qui est le même pour tous les mariés et dans tous les pays : — celui d'*Imbécile*.

Plus tard — pas beaucoup — ils reçoivent encore le nom de *Ko-Ku*; — mais ils ne le signent pas.

Les Chinois s'amusent peu. Ils jouent aux cartes et aux dés.

Mais leur jeu favori est celui des échecs.

Ils y passent souvent plusieurs journées entières.

Quand une partie d'échecs est engagée entre deux Chinois, ils passent à l'état de potiches dans l'appartement.

Les domestiques sont habitués à cela, et ils viennent les épousseter de temps en temps pour enlever les toiles d'araignées.

\* \*

Il est d'usage en Chine que les veufs ou veuves portent pendant trois années le deuil de leur conjoint.

Ce deuil se porte en blanc.

Du deuil en blanc, nous n'avons rien à dire. Nous le portons en noir; d'autres peuples le portent en rouge. Cela ne signifie pas grand'chose.

Quant au délai de trois années, c'est encore une affaire de convention.

En tous cas, nous ne voyons pas que les Chinois aient imaginé, comme nous, le grand deuil, le petit deuil, le demi-deuil, etc., etc.

.·.

En cela, ils nous semblent très-arriérés.

Rien de plus ingénieux, selon nous, que de mettre le monde dans le secret de la décroissance de son chagrin.

Une femme perd son mari le 17 juillet 1874. Pendant un an elle a des aspects de spectre noir qui indiquent un désespoir de première classe.

Un an après, jour pour jour, le 17 juillet 1875, elle passe du noir au gris et prend le demi-deuil.

Cela veut dire pour les prétendants qu'elle n'est plus qu'à demi inconsolable.

Puis au bout de six mois viennent le blanc et le violet.

Le cercle des soupirants fait trois pas en avant.

Et enfin, le 17 juillet 1876, un décolletage bien senti annonce à qui de droit que la douleur est arrivée à fin de bail.

.·.

Quelques esprits chagrins ne voient dans l'observation de ces convenances qu'un cérémonial bizarre et plein d'une révoltante hypocrisie.

Quant à nous, si nous ne nous étions imposé comme règle de ne faire, à propos des mœurs des autres, aucune critique des nôtres, nous dirions que le deuil temporaire nous semble une coutume navrante; que l'on devrait avoir le courage et la franchise de ne prendre que les deuils que l'on ne doit jamais quitter; et enfin que s'il est une injure faite à la mémoire d'un mort, c'est bien moins de s'habiller carrément en jaune le lendemain de son trépas, que de rejeter à jour fixe les vêtements noirs dont on s'est couvert en signe de douleur et de regret.

Les regrets et les douleurs qui finissent le 23 janvier, à 11 heures 25 juste, ne nous ont jamais inspiré un bien profond respect.

Puisque nous avons été amené à parler de la mort en Chine, disons tout de suite, afin de ne point avoir à revenir sur ce sujet lugubre, comment se comportent les Chinois en cette circonstance.

Les funérailles se font en très-grande pompe pour les gens riches.

Cependant, doués d'un esprit très-pratique, les Chinois laissent souvent leurs morts sans sépulture pendant très-longtemps, chaque famille attendant qu'elle ait perdu plusieurs de ses parents pour les faire enterrer solennellement ensemble, sans qu'il en coûte davantage.

Quelquefois cela amène des discussions dans les ménages. Ainsi, par exemple, un Chinois dit un matin à sa femme :

— Voilà notre oncle Ko-Kan-Bo qui vient de mourir; avec tes trois neveux, ta grand'mère, mes cinq commis & ta tante, ça nous fait juste dix, un compte rond... Je crois qu'il serait convenable que nous fassions un service... Qu'en dis-tu ?

— Oh! toi, réplique madame, tu es toujours pressé pour faire de la dépense... Dix, ce n'est pas plutôt un compte rond que douze... Ton oncle Ka-Bi-Lo a soixante-dix-sept ans sonnés, ma tante Har-Pil-Lac se plaint beaucoup de son asthme... Je crois qu'il vaudrait mieux attendre...

— Oui, ma bonne; mais les Dur-Hoz-Yer, qui font enterrer leurs morts chaque fois qu'ils en ont complété une demi-douzaine, vont dire que nous sommes des ladres.

— Qu'est-ce que ça nous fait? chacun s'arrange comme il l'entend. D'abord j'aime mieux me priver de faire enterrer ton oncle Ko-Kan-Bo pendant deux ou trois ans de plus et avoir tout de suite les boucles d'oreilles que tu m'as promises.

La façon dont on marie les jeunes gens en Chine ne diffère pas sensiblement de celle qui est adoptée dans d'autres pays, — en France, par exemple.

Les fiançailles sont souvent conclues par les parents très-longtemps à l'avance & sont considérées comme un mariage définitif.

Dans l'intervalle, la fille peut devenir bossue ou le garçon bancal.

Tant pis pour eux. Ça ne compte pas.

L'époque fixée est choisie d'après les superstitions en usage. Aussi on ne se marie jamais sous le signe du Capricorne; mais cela ne change rien à l'affaire.

Les Chinoises n'apportent aucune dot. Elles sont achetées par les parents de l'époux, qui en devient naturellement seul propriétaire, — ou du moins qui le croit, — ce qui revient au même.

Quand le mariage est convenu, tout le monde peut voir la fiancée, excepté l'époux qui doit s'en rapporter à ses amis.

Souvent les loustics profitent de cet usage pour faire au prétendu des niches impossibles.

La veille de la cérémonie, ils lui disent, par exemple, que sa femme est toute petite, toute mignonne, qu'elle a des bras très-fins, etc., etc.

Alors il achète, pour mettre dans la corbeille, trois douzaines de gants quatre trois quarts et un bracelet d'enfant.

Et le lendemain, quand il arrive tout rayonnant avec ses cadeaux, on lui présente une future de cinq pieds huit pouces, qui gante le neuf & demi, et qui lui prend son bracelet en s'écriant :

— Oh! la jolie bague!...

Comme en France, — au moment de se quitter, la mère & la fille doivent pousser des gémissements atroces.

Et au moment où le gendre entre chez sa femme, croisant dans l'antichambre sa belle-mère qui en sort, tous deux échangent un regard de haine et de colère qui promet de bien beaux jours pour dans six mois.

Du reste, les Chinoises sont jolies. Elles ont le teint charmant, les cheveux noirs superbes, de très-belles dents et la taille souple.

Seulement elles abusent du fard, surtout du *far niente*.

Quant à leurs pieds, nous avons déjà eu occasion de le dire, ils sont tout simplement horribles.

La compression qu'elles leur font subir dès leur enfance, pour les empêcher de se développer, en fait une sorte d'amas de chair à saucisses moulée dans des brodequins, qui n'a plus naturellement ni ligne, ni forme humaine.

Les Chinoises ont conservé l'habitude de se mettre de larges mouches de taffetas noir sur chacune des tempes.

C'est cela qui leur tire les yeux de la façon que l'on sait. Comme elles cherchent toujours à voir si ces deux mouches sont tombées, l'œil se jette violemment de bas en haut, et le pli finit par rester.

Notre dessinateur va du reste vous montrer comment cela arrive et l'effet que cela produit.

En Chine, un signe aristocratique est la longueur des ongles. Aussi sont-ils cultivés avec soin.

Les femmes élégantes laissent aussi croître les leurs le plus possible, et, pour les préserver, y adaptent des étuis en argent qui leur servent en même temps de cure-oreilles.

Ces ongles, très-soigneusement tenus, sont très-blancs et très-lisses, ce qui permet aux Chinoises de les utiliser comme carnet.

Avec un crayon, elles y inscrivent ce dont elles ont besoin de se rappeler : la dépense de leur ménage, leurs invitations au bal, et enfin toutes notes quelconques.

Mais elles se servent rarement pour cela des ongles appartenant à la main qui tient le crayon.

Les jeunes filles chinoises sont de première force sur le maniement de l'éventail, qu'elles ne quittent jamais.

Les hommes en portent aussi. Ces persiennes ambulantes rendent de très-grands services dans les rues. Elles aident à passer, sans être reconnu, à côté de ses créanciers.

Un autre usage des Chinois — excellent aussi — c'est de porter devant eux, suspendus à leur ceinture, tous les objets qui leur sont utiles dans la vie usuelle : blagues à tabac, étui à lunettes, pipe, tabatière, bourse, montre, mouchoir de poche, etc., etc.

Pour apprécier une telle coutume, il faut savoir comme nous le plaisir que l'on éprouve, quand on est serré dans un omnibus, à aller chercher dans les profondeurs inouïes de la poche de derrière d'une redingote, sur laquelle votre voisin est souvent assis, le mouchoir qui vous est indispensable par un fort rhume de cerveau.

*<br>* *

Ce sont là de ces supplices qui feraient douter des bienfaits de la civilisation, si l'invasion des pianos n'avait depuis longtemps dissipé nos dernières illusions à cet égard.

*<br>* *

La nourriture des Chinois est des plus variées. Elle nous paraîtrait bien plus étrange encore, si le siége de Paris en 1870 ne nous avait familiarisés avec leurs menus.

Les Chinois mangent les chiens et du chat avec beaucoup de plaisir.

*<br>* *

Le chien de boucherie est élevé pour l'alimentation, tenu à l'attache, et nourri pendant quelques mois avec des résidus de riz.

Ces pauvres bêtes ont encore la naïveté d'aboyer quand quelqu'un fait mine d'entrer dans la maison de leurs maîtres.

S'ils savaient!...

※

Quant aux chats, on en fait d'excellents ragoûts ; mais cela ne sauve pas les rats : les Chinois les mangent eux-mêmes.

Les crapauds rôtis sont un régal, ainsi que les araignées, les chenilles et les vers de terre.

Du reste, tout n'est que préjugés ; il y a beaucoup de choses dont le nom seul nous inspire du dégoût, et que nous aimerions, si nous prenions sur nous d'en manger.

On sait en effet que l'astronome français Lalande, ayant entendu dire que les Chinois se régalaient d'araignées, voulut se rendre compte de ce comestible.

Il y prit goût, les mangeait vivantes, et en portait toujours sur lui une bonbonnière toute pleine.

※

Il y a pas encore bien longtemps que les Chinois ne mangent plus de chair humaine.

Si l'on en croit le travail de M. de Paraven, les pâtés de chair d'homme étaient en grande faveur.

Dans les temps antiques, les Chinois mangeaient leurs prisonniers de guerre. Au neuvième siècle, ils se régalaient avec leurs criminels décapités.

La crainte seule de rencontrer des morceaux de photographes dans leurs hachis les a fait renoncer à cette coutume.

\*  \*

Nous ne fermerons pas le chapitre de l'alimentation chez les Chinois, sans parler de l'opium dont ils font une consommation folle, et qui tient une grande place dans leur existence.

Depuis un temps infini les Chinois fument l'opium comme nous fumons le tabac. C'est une véritable passion, de laquelle ne peuvent avoir raison ni les décrets de prohibition, ni les peines édictées contre les fumeurs, même la peine de mort qui fut un instant appliquée à ce délit.

\*  \*

L'opium fut cause d'une guerre entre l'Angleterre et la Chine.

Le gouvernement Chinois avait interdit formellement l'entrée de ce produit dans ses Etats.

Mais les Anglais, toujours pratiques, en envoyaient aux Chinois des vaisseaux tout pleins, qu'ils introduisaient en contrebande, et par petites parties, dans l'Empire.

Cela leur rapportait à peu près 75 millions par an.

Quelques-uns de leurs chargements furent saisis et coulés ; il y en avait pour plusieurs centaines de millions. Les Anglais ont le côté caisse très-chatouilleux ; ils soutinrent, les armes à la main, leurs droits d'abrutir les Chinois et de s'en faire de gros revenus.

Ce qui rend l'opium si cher aux Chinois, c'est sa propriété engourdissante.

Il enveloppe d'abord le fumeur dans une douce langueur, puis l'endort.

Alors, l'effet se poursuit pendant le sommeil. Les songes les plus agréables se succèdent....

Le fumeur plongé dans une extase enivrante voit tour à tour défiler devant ses yeux les tableaux les plus riants :

Il voit son propriétaire lui proposer des papiers neufs.

Il voit le facteur lui apporter une lettre, par laquelle on le prie de passer toucher un dividende sur ses *Galions de Vigo*.

Il voit sa belle-mère mordue par un chien enragé.

Enfin, pendant tout le temps que dure son sommeil, il savoure toutes les grandes jouissances de la vie.

Entre autres genres de locomotion plus ou moins ingénieux, les Chinois en ont un qui vaut presque notre vélocipède.

Nous voulons parler de la brouette à voile.

．·．

Ainsi, d'ailleurs, que son nom l'indique, il s'agit d'un petit véhicule à une roue, dans lequel monte le voyageur, et que le conducteur pousse, en se faisant aider toutefois par les courants d'air qui s'engouffrent dans un grand morceau de toile surmontant la brouette.

．·．

Quand le temps est par trop calme, le conducteur souffle lui-même dans la voile pour diminuer la fatigue de ses bras.

. .

Le Chinois est excessivement paresseux. Il passe des journées entières, accroupi et fumant sa pipe, son éventail à la main.

Pour lui, le moindre travail est insupportable. Il mange, le nez dans sa soucoupe, afin que ses bras aient moins de peine à porter les aliments à sa bouche.

. .

Une de ses passions dominantes est le jeu.

Indépendamment des dés et des dominos, il cherche tous les moyens possibles de jouer, de parier, etc., etc.

Courses, combats de coqs, variations atmosphériques, changements de ministères. Il joue sur tout, il parie à propos de tout.

Il n'est pas jusqu'à battre sa femme dont il ne se fasse un jeu.

.·.

L'étiquette et le cérémonial sont très-respectés en Chine.
On se salue jusqu'à terre et c'est à qui se redressera le dernier.
Quand le thé est servi, personne ne veut commencer à boire, parce qu'il est impoli de boire le premier.

.·.

Pendant ce temps, on échange autour de la table les propos les plus insignifiants sur la pluie, le beau temps, le prix de la viande de boucherie, les rhumes qui courent, les jours qui allongent, etc., etc.
Ce n'est qu'au moment de partir qu'un visiteur doit aborder le motif sérieux qui l'a amené dans une maison.

.·.

La fin d'une visite et le départ sont également réglés à l'avance, par un code du cérémonial qui se trouve chez tous les libraires moyennant un prix minime.
Ce guide indique la façon dont on doit saluer à tous les degrés de l'échelle sociale.
Il est suivi rigoureusement.

.·.

Il y a par exemple de fortes nuances dans les usages de la politesse selon que les gens appartiennent à telle ou telle classe de la société.
De même qu'en France, nous avons un grand assortiment de formules de salutations, depuis le : *J'ai bien l'honneur, monsieur le ministre*, jusqu'au simple : *Bonjour, ma vieille*. Les Chinois savent varier leurs compliments avec beaucoup de fantaisie.

Ainsi, un mandarin saluant un homme des classes dirigeantes, lui dit d'un ton aimable :

« *Je baisse la tête devant vous.* »

Tandis que si le même mandarin reçoit un homme du peuple, il le reconduit en lui disant :

« *Allez et tremblez.* »

Cette gracieuseté qui sent le pal à soixante pas, doit être réglementairement accueillie par une profonde et respectueuse salutation de l'homme du peuple.

Nous avons omis de dire en parlant de la nourriture des Chinois que, contrairement aux usages européens, ils commencent leurs repas par le dessert et les choses sucrées.

Les légumes et la viande viennent après.

.*.

Cela peut nous paraître étrange.
Mais tout a une raison, il ne s'agit que de la chercher.
C'est ce qu'un savant docteur anglais a fait, et il a trouvé quelque chose d'assez plausible.

.*.

Les Chinois, dit-il, ont commencé par manger comme tout le monde : le potage d'abord, les plats gras ensuite, et les choses friandes en dernier.

Mais comme ils sont très-gloutons, ils se donnaient des indigestions énormes ; et très-souvent ils étaient forcés de quitter la table pour aller dans des endroits écartés... expier leur gourmandise.

Alors, peu à peu, ils ont réfléchi & se sont imaginés de renverser l'ordre de leur alimentation.

C'est ainsi qu'ils ont adopté la coutume d'avaler les choses sucrées avant les autres, parce que, en vertu du principe de l'Evangile : « *les premiers seront les derniers* » ils ont reconnu que dans les cas d'indigestion, ça leur faisait la bonne bouche.

.⋅.

Nous avons maintenant à aborder le sujet scabreux du GOUVERNEMENT chez les Chinois.

C'est toujours avec une certaine appréhension qu'un écrivain appartenant à un pays libre se décide à parler des institutions politiques des autres nations.

Il risque de paraître vouloir comparer ces institutions à celles de l'Etat auquel il appartient et d'être accusé de parti pris pour ces dernières.

.⋅.

Nous aurions voulu éviter cet écueil ; mais dans un travail comme celui que nous avons entrepris, c'est impossible.

Une étude sur un peuple n'est pas complète quand on a raconté comment il mange.

Il faut dire aussi comment il ne mange pas ; c'est-à-dire comment il est gouverné.

Nous ne chercherons donc pas à esquiver ce sujet glissant.

Toutefois, nous le traiterons avec une extrême réserve et le respect exquis que nous avons toujours professé pour les institutions de tous les Etats en général, et de celui de siége en particulier.

.·.

Le gouvernement de la Chine est absolu ..

.... ment le même que celui d'autres pays qui prétendent jouir d'un gouvernement constitutionnel.

.·.

Le souverain ne sort que très-rarement de son palais.
Et jamais de l'ordinaire.

.·.

Suivant une définition très-connue chez les nations civilisées, le souverain règne, mais il ne gouverne pas.

Un favori quelquefois ; plus souvent une favorite, font mouvoir le mannequin impérial.

Aussi le peuple répète-t-il à propos de son souverain ce dicton qui ne fait l'éloge ni du souverain ni du peuple :

« L'Empereur est bon ; mais son entourage ne vaut rien. »

En effet, un empereur qui n'est bon qu'à exécuter les desseins de son entourage qui est mauvais, n'est guère plus utile ni moins nuisible à une nation que ne le serait un domestique, muni des meilleures intentions, mais qui volerait le vin et le bois de son maître à l'instigation de la concierge.

*
* *

Et d'autre part : un peuple qui continue à adorer son empereur sous prétexte que celui-ci ne lui fait du mal que pour plaire à ses courtisans, n'est pas beaucoup plus intéressant qu'un homme qui trouverait bon que sa femme le fît cocu, du moment où ce serait pour faire plaisir à un de ses amis.

Passons donc, non sans avoir murmuré, cette phrase bien connue & pleine d'une si haute philosophie :

« Les peuples n'ont que les gouvernements qu'ils méritent. »

\* \*
\*

L'Empereur distribue les titres de noblesse avec une grande libéralité.

Tout ce qui naît dans son entourage est bombardé de blasons.

Un jour il a envoyé onze brevets de ducs pour toute une portée de petits chiens que venait de mettre bas la chienne de la concierge de son palais.

\* \*
\*

La maison de l'Empereur, il est à peine besoin de le dire, est montée avec ce luxe que peuvent seuls se permettre les gens dont le porte-monnaie est alimenté par le travail de cent millions d'imbéciles.

Nous ne dresserons pas ici la liste du personnel attaché au souverain ; elle tiendrait trop de place.

Nous nous bornerons à consigner que les écuries et le mobilier seulement occupent assez de domestiques pour nécessiter la présence de ONZE grands officiers.

.·.

L'Empereur est assisté par le Noé-Ko, qui est son cabinet, et le Kyun-ki-tou, ou conseil privé ; en tout dix ministres.

Les séances de ce conseil ne sont jamais bien tumultueuses.

Les discussions ne roulent guère que sur les différents impôts à augmenter ou à créer.

.·.

Invariablement, l'un des ministres propose d'imposer une chose : les aiguilles, par exemple.

Le second est d'avis d'en imposer une autre : le pain d'épices.

Le troisième soutient qu'il vaut mieux frapper d'une taxe les porte-cigares.

Le quatrième veut que l'on assujétisse au timbre de deux sous les sinapismes en feuilles.

Le cinquième demande que l'on double tout simplement le prix des timbres-poste.

Et le sixième assure qu'il serait bien préférable d'imposer les pianos.

Quand ils ont fini, l'Empereur s'abîme un instant dans un pieux recueillement et conclut à l'adoption des six impôts réunis.

Jamais cela ne finit autrement.

Cette facilité prodigieuse à équilibrer le budget impérial se répète à tous les degrés de l'échelle administrative.

Les fonctionnaires chinois sont renommés pour leur « *cœur léger* » en matière de finances.

La prime & le pot-de-vin fleurissent chez eux avec une abondance merveilleuse.

.·.

Nous trouvons dans la *Revue de l'Orient* deux faits qui donneront une idée de ces mœurs toutes mornyfiques.

Un jour, une inondation avait détruit une petite ville, et l'Empereur avait ordonné de distribuer aux malheureux habitants une somme de 700,000 francs.

.·.

Or, le ministre des finances commença par s'adjuger 150,000 francs, son premier secrétaire 75,000, et ainsi de suite en descendant jusqu'aux garçons du bureaux, qui prélevèrent chacun 300 francs sur les sommes qu'on leur donna à porter aux inondés.

Il ne faudrait jamais avoir vu fondre un morceau de beurre dans une poêle rougie pour ne pas se faire une idée de l'état dans lequel arrivèrent aux indigents les 700,000 francs de l'Empereur.

On cite des familles de huit personnes qui reçurent trente sous.

Bien mieux !

On raconte qu'un malheureux qui avait eu sa petite maison engloutie reçut, un matin, avis de passer à la caisse du trésor public.

Il s'y rendit en toute hâte, pensant que c'était pour sa part du fameux secours de 700,000 francs dont on avait tant parlé dans les journaux officieux.

Lorsqu'il arrive au guichet, le caissier lui dit :
— Bonjour, Grog-Ho-Go. C'est pour l'indemnité en question. Pour combien avez-vous eu de dégâts ?

Grog-Ho-Go répondit timidement :
— Pour 825 francs.
— Diable !... fit le caissier, votre part d'indemnité n'a été réglée qu'à 160 francs.
— Donnez tout de même, reprit Grog-Ho-Go, ce sera toujours ça.

— Oui... mais... un instant, interrompit le caissier. Sur vos 160 francs, il me revient à moi une somme de 210 francs. C'est donc 50 francs que vous avez à me verser pour liquider l'affaire.

Le second fait n'est pas moins significatif.

Le gouvernement chinois avait gracieusement décidé qu'une somme de 30,000 francs par jour serait affectée à l'entretien de la maison du ministre anglais.

Avec 30,000 francs par jour, on pouvait gentiment bourrer

la marmite, sa famille & ses domestiques de côtelettes aux pommes.

Eh bien! ces 30,000 francs passèrent par tant de mains — et de sous-mains, — qu'au bout de huit jours le ministre était obligé d'aller dîner au restaurant à son compte, parce que les

fonctionnaires chinois ne trouvaient plus le moyen de le nourrir après les modestes prélèvements que chacun d'eux avait fait le matin sur les 30,000 francs qui étaient affectés aux dépenses de la journée.

\*\*

Un matin, au déjeuner, le ministre avait redemandé un petit morceau de pain pour finir son fromage.

On le lui donna, mais en le prévenant qu'il aurait à payer un supplément de 1,500 francs, parce que les 30,000 francs de la journée étaient absorbés par sa tasse de chocolat du matin, le cigare de trois sous qu'il avait fumé, et le numéro du *Figaro* qu'il avait fait acheter.

\*\*

Nous pourrions multiplier ces exemples de l'intégrité des fonctionnaires chinois.

Mais nous craindrions de ne point assez étonner nos lecteurs, qui, tous, ont lu comment les choses se passaient en France sous Napoléon III.

En somme, nous ne voyons pas la nécessité de les conduire si loin pour ne leur montrer que des choses très-ordinaires pour eux.

\*\*

Ce qui donne le mieux la somme des institutions politiques d'un peuple, c'est à coup sûr le rôle que le gouvernement assigne ou assure à la presse.

Nous sommes donc conduit naturellement à parler de la façon dont sont traités les journaux en Chine.

### *

Nous allons fortement étonner nos lecteurs, qui s'attendent sans doute à apprendre que, dans ce pays gouverné despotiquement, les productions de la pensée sont traitées comme l'est la vermine chez certaines nations civilisées.

Eh bien! pas du tout!...

En Chine, LA LIBERTÉ DE LA PRESSE EST COMPLÈTE.

### *

Tout citoyen peut — à ses risques & périls, bien entendu — imprimer livres, dessins, brochures ou journaux.

Le gouvernement ne s'est réservé le droit d'empêcher aucune publication.

Pour celui qui arrive de... Saint-Pétersbourg, par exemple, un tel spectacle tient du merveilleux. Il croit rêver.

### *

Mais où il est bien vite rendu à la réalité, c'est lorsqu'il voit un journaliste chinois attaché à un pieu, sur la place publique, par ordre de l'autorité, et en train de recevoir une soixantaine de coups de bâton en paiement d'un alinéa un peu vif qui lui a échappé contre le ministère dans un de ses derniers articles.

*<sub>*</sub>*

Évidemment, là, on rentre en plein dans le domaine du vraisemblable.

L'écrivain est donc libre en Chine. Le gouvernement ne l'assomme qu'une fois qu'il a écrit.

Aussi brutal que puisse paraître ce procédé, il est encore infiniment plus doux que bien d'autres :

Celui qui consiste à l'assommer avant qu'il ait écrit, ou à l'empêcher d'écrire, ce qui revient absolument au même.

On nous assure que cela se passe pourtant ainsi dans certaines contrées de... Nous ne nous rappelons plus de quel pays.

Nous ne voulons pas y croire.

*<sub>*</sub>*

De même que la presse, l'imprimerie est absolument libre chez les Chinois.

Un grand nombre de particuliers ont de petites presses chez eux.

Ce meuble est aussi commun là-bas que les machines à coudre en France.

C'est passé dans les mœurs.

*<sub>*</sub>*

Pour un oui, pour un non, le Chinois se met à imprimer :
Les menus de ses dîners,
Des cartes de visite,
Les chansons qu'il a composées pour la fête de sa femme,
Son livre de cuisine, &c., &c.

\*  \*  \*

Quelquefois, la cuisinière se sert de la presse autographique pour écraser les pommes de terre qu'elle veut mettre en purée, sans s'inquiéter si son maître avait préparé une circulaire sur la plaque.

Quand celui-ci rentre et s'aperçoit de la chose, ça fait des scènes à tout casser.

\*  \*  \*

Les Chinois ont leur *Journal officiel*, pour lequel ils professent le plus grand respect.

Pas un ne se permettrait de douter de l'impartialité du compte rendu *in extenso* ou analytique des séances des Chambres que cette feuille publie.

Les « *vociférations à gauche* » et les « *très-bien! sur tous les bancs* » sont pour eux parole d'évangile.

Heureux peuple!...

\*\*\*

La pensée humaine et ses produits sont tellement sacrés pour les Chinois, que les chiffonniers reçoivent une prime quand ils sauvent quelques morceaux épars d'un journal quelconque.

Aussi n'est-il pas rare de voir ces honorables industriels faire la queue dans les rues désertes, pour y recueillir les fragments du *Pays* que les passants attardés peuvent oublier le long des murs dans un moment d'abandon.

\*\*\*

Nous avons entendu un soir un chiffonnier, ramassant un fragment de journal derrière le passant qui s'éloignait, murmurer d'un air de mauvaise humeur :

— En voilà un ladre !... Il coupe le *Gaulois* en trente-deux... et il ne se sert que d'une feuille simple !...

\*\*\*

Il n'y a pas de pays au monde — même en temps d'élections — où on use autant de l'affichage.

Les murs sont littéralement couverts de placards.

On ne peut pas s'arrêter une minute devant un étalage sans risquer qu'un colleur vienne vous appliquer dans le dos une affiche de magasin de nouveautés.

*\*\**

On n'a pas le temps de les gratter sur les maisons, tant elles sont collées sans relâche.

On les colle naturellement les unes sur les autres.

Et cela fait de telles épaisseurs sur les murailles de chaque côté des rues, que celles-ci se trouvent quelquefois rétrécies au point de rendre la circulation impossible sur les trottoirs.

*\*\**

A Pékin, on avait ouvert, en 1864, un large boulevard.

Quinze jours après, on avait tant collé d'affiches sur les deux murs, qu'elles étaient arrivées à se rejoindre sur le milieu de la chaussée.

*\*\**

Un fait remarquable en Chine, c'est l'encombrement inouï des carrières libérales.

On y comptait, en 1868, plus de 30,000 docteurs-médecins sans emploi.

Le gouvernement, qui redoutait un soulèvement par suite de leur inaction, fut obligé de faire venir de l'étranger plusieurs chargements de petites véroles pour les utiliser.

*\*\**

Idem pour les dentistes.

Il y en avait, à la même époque, 48,000 qui possédaient leur diplôme depuis quinze années et n'avaient pas encore eu l'occasion d'arracher une seule dent.

L'Empereur, effrayé des violences auxquelles pouvait se livrer d'un moment à l'autre une aussi énorme population sans ouvrage, décréta que chaque citoyen ne devait pas conserver plus de vingt-quatre dents, — et devait se faire extirper l'excédant sous trois mois.

* * *

De vastes baraques furent installées dans le Champ-de-Mars de Canton.

On y logea les 48,000 dentistes, et tous les jours les Chinois leur étaient conduits par escouades, pour se faire ôter le surplus des vingt-quatre molaires réglementaires, moyennant une faible rétribution.

* * *

Ce nouveau « *droit au travail* » fonctionna pendant trois mois et sauva l'Empire d'une formidable insurrection.

L'Empereur, qui connaissait l'histoire de la Révolution de 48 en France, voulut que cette institution de salut public prît le nom de :

**RATELIERS NATIONAUX.**

\*\*\*

Un tic assez original du Chinois, c'est de raffoler des sociétés secrètes.

Il y en a un grand nombre qui existent depuis des siècles.

Rien que dans l'Empire du milieu, on en compte plus de 1578.

Les principales sont : le Lis blanc, le Nénuphar rouge, la Raison céleste, le Nuage blanc, &c., &c.

\*\*\*

Il n'est pas besoin de dire que leur importance politique et sociale, très-grande au début, s'est sensiblement amoindrie.

C'est à cette condition seule qu'elles sont tolérées.

Le gouvernement chinois n'est pas plus bête que les autres, et ce n'est que parce que les citoyens n'ont que des sociétés secrètes sans secrets pour personne qu'il les laisse jouer avec.

\*\*\*

Mais le Chinois n'en est pas moins heureux de faire partie d'un petit cercle où il est censé faire un tas de choses que tout le monde ignore.

\*\*\*

Ainsi, par exemple, il y a une certaine société secrète, nommée le *Brasier ardent,* dont les statuts sont d'une sévérité inouïe, et dont les épreuves passent pour être des plus formidables.

On n'est admis frère du *Brasier ardent* qu'après avoir passé des examens terribles.

Entre autres, le récipiendaire doit entrer dans un gouffre plein de feu pour aller en retirer sa belle-mère, dont on lui fait apparaître l'image au moyen d'un truc photographique.

56  LE TOUR DU MONDE

*<br>* *

Eh bien! tous les Chinois d'un certain monde briguent l'honneur de faire partie du *Brasier ardent,* dont les mystérieuses séances se passent régulièrement trois fois par semaine, de la façon suivante :

A sept heures trois quarts, le grand maître invite les membres présents à prendre place autour d'une grande table.

Cérémonie mystérieuse, d'après une peinture du temps des Mingé.

Après avoir solennellement fait tourner sa queue sept fois de l'orient à l'occident, chaque Chinois s'asseoit en silence, en fermant l'œil gauche et en se déchaussant un pied, ce qui est le signe de reconnaissance.

*<br>* *

Alors, le grand-maître se lève et dit à haute voix :
— Frères!... le grand mécanicien est avec nous!...
Et tous les membres reprennent à voix basse :
— Frères!... le grand mécanicien est avec nous!...

Le grand-maître continue :
— Jurons... de ne point révéler le secret de nos réunions !
Chœur. — Nous le jurons !...

* * *

Immédiatement, huit initiés apportent des pipes, des grogs, du thé, des bocks & des cartes.

Les membres du *Brasier ardent* s'accouplent deux à deux et se mettent à jouer leur consommation au besigue, en deux mille liés, en parlant de leurs petites affaires, car ils sont tous commerçants.

* * *

Cela dure ainsi jusqu'à onze heures un quart.

Le Grand-Maître se lève, et, trempant le bout de sa queue dans son mazagran, il asperge l'auditoire en disant d'une voix caverneuse :

— Frères !... le grand mécanicien est avec nous !... Jurons de mourir plutôt que de trahir notre sainte cause !...

Les frères répètent :

— Nous le jurons !...

Ils se lèvent pour passer au comptoir, où ils disent tour à tour d'un ton sombre :

— Mon bitter au compte de BAL-HAND-HAR. — Le vermouth gommé de GOD-HICH-ONG est pour moi. — Quatre londrès à inscrire à MERL-HUCH-EG. — La chartreuse de ROB-HIN-OTH, le cassis de DUR-HAND-ING et mes quatre sous de tabac pour DUF-HOURN-ELL !... — Etc., &c.

\* \* \*

On se sépare silencieusement en échangeant des regards d'intelligence et en se mettant le doigt sur les lèvres.

Chaque membre du BRASIER ARDENT rentre tranquillement chez lui, en regardant avec inquiétude s'il n'est pas suivi par les sbires de l'Empereur...

Et il se déshabille, avec des airs ténébreux, pour se mettre au lit, pendant que madame, qui vient de se réveiller, lui dit :

— Voyons, Gaston !... tu devrais pourtant bien ne pas te compromettre comme ça !...

\* \* \*

Un quart d'heure après, l'affilié du *Brasier ardent* ronfle comme un sabot, et se met à rêver tout haut, en disant :

— Le grand mécanicien est avec nous !... Soixante de dames !... DUP-ITT-HONG ! je vous fais mon soda en quinze cents !... Cent d'as !... Jurons de mourir !... Je joue pour trente... Le grand mécanicien n'a que cinq brisques !...

\* \* \*

Et voilà comment le Chinois s'offre les émotions fortes d'une société secrète, persuadé qu'il fait œuvre de grand citoyen et convaincu que, si l'on assiégeait Pékin, les frères du *Brasier ardent* n'auraient qu'à monter sur les remparts, avec leur bannière jaune, pour arrêter les obus en leur criant :

— Le grand mécanicien est avec nous!...

\* \* \*

Ils n'ont pas encore eu l'occasion d'essayer; c'est ce qui fait leur force.

\* \* \*

## RELIGION CHEZ LES CHINOIS.

Il y a dans l'Empire trois religions, que les Chinois considèrent comme également bonnes.

Nous aussi.

\* \* \*

D'ailleurs, pour ce qu'ils en veulent faire, ils auraient le plus grand tort de se montrer difficiles, car le Chinois est d'un scepticisme qui fait le désespoir de tous les missionnaires qui essaient d'aller le convertir.

Le Chinois ne croit à rien — qu'aux richesses & aux jouissances matérielle..

Il étend sa défiance naturelle surtout aux croyances religieuses....

Et quand on lui parle d'une vie meilleure, il demande tout de suite s'il y aura des tapis par terre, de l'opium à trois sous la livre et des canapés bien rembourrés.

\* \* \*

Les trois religions officielles que le Chinois entoure d'une égale indifférence sont :

La doctrine de Confucius, qui est la religion d'État, celle qui n'est pas au coin du quai, et à l'usage exclusif des lettrés;

Le Tao-Tseu, ou religion primitive, très-démodée aujourd'hui;

Et le culte de Fo ou bouddhisme.

*\**

Chacune de ces trois religions a ses prêtres, naturellement.

Ces prêtres vivent tous en bonne intelligence, quoique ayant des coutumes absolument différentes.

Ainsi, par exemple, les prêtres de la pagode Pâ-Quâ sont couverts de guenilles sordides, vivent dans l'abjection et mendient dans les rues.

Tandis que les Bonzes sont richement vêtus, ont des temples magnifiques où les fidèles leur apportent en quantité toutes sortes de présents: riz, fruits secs, vol-au-vents, étoffes, chaussures, cognac, vêtements, &c., &c.; tout ce qu'il faut, enfin, pour rendre aux desservants du culte la vie douce & facile, et ne leur laisser aucun regret d'avoir renoncé, pour se vouer au culte laborieux du Seigneur, à quelque métier de paresseux où ils eussent gagné quinze francs par semaine, en travaillant dix-huit heures par jour.

*\**

Les prêtres du culte réformé s'appellent lamas. Ils ne diffèrent des bonzes que par le costume.

Le grand-lama est habillé à peu près comme les évêques français.

Quoiqu'il aime fort la décoration des temples, il s'afflige quelquefois en présence d'offrandes trop exclusivement végétales.

* * *

Il y a bien aussi les Bonzesses ou nonnes ; mais il paraît que l'austérité de leurs mœurs ne nous permet guère de nous occuper d'elles au chapitre Religion.

Nous en reparlerons quand nous en serons à l'article *Divertissements & plaisirs*.

* * *

Les cérémonies du culte, en Chine, sont très-imposantes, et la mise en scène en est réglée avec un soin tout particulier.

Dans des temples à demi-obscurs, on officie en grande pompe...

Les chants, la musique, l'encens, les costumes ruisselants des bonzes, les chamarures étincelantes du suisse, la majesté des mollets du bedeau, les mille objets d'art qui ornent les murs, les statues en bois doré, les lustres, les cristaux, les tapis, la vaisselle...

Tout enfin est disposé pour faire sur les fidèles une impression profonde....

Et pour provoquer chez les fervents ce recueillement sincère qui se traduit invariablement par cette pensée toute sacrée :

— Nom d'un Bouddha !... Il y en a pour quelques sous, ici !...

\* \*

Aussi cette simplicité du culte produit-elle les résultats que l'on est en droit d'en attendre.

On va visiter les temples, non par dévotion, non pour y faire des pèlerinages, non pour aller se soustraire, dans la retraite, aux préoccupations mondaines, non pour y chercher un refuge contre les tentations de la vie profane, mais bien par partie de plaisir.

\* \*

C'est si vrai, que dans certaines occasions, les bonzes organisent dans leurs temples de véritables offices de gala.

Ils s'assurent le concours de musiciens & de chanteurs distingués, appartenant aux meilleurs théâtres de l'endroit ;

Font placer des balustrades tout autour de l'enceinte, afin d'en interdire l'entrée aux fidèles peu fortunés ;

Et mettent le tout en location à 10 francs la chaise.

\* \*

On exécute dans les temples chinois des messes en *ré* de Bett-Ov-Enn avec cent cinquante instrumentistes.

Et l'on y paraît absolument convaincu que les messes en *ré* à grand orchestre & à 8,000 bougies sont les seules agréables à Bouddha.

Ce qui ne laisse pas que d'être très-humiliant pour les pauvres petits offices qui ne durent qu'une demi-heure, avec le concours de deux cierges à trois sous & d'un modeste solo de serpent en couac naturel majeur.

Enfin les Chinois sont ainsi. On ne peut guère penser à les refaire.

Pas nous surtout.

\*\*\*

## LES MOULINS A PRIÈRES.

—

Les Chinois ne pouvaient manquer d'appliquer, même aux choses saintes, leur esprit éminemment pratique :

Ils ont imaginé le *moulin à prières*.

\*\*\*

Voici en quoi cet ustensile consiste :

On imprime des prières toutes faites sur de grandes bandes de calicot, et l'on attache ces bandes sur des bâtons qui tournent au moyen d'une manivelle.

\*\*\*

On voit d'ici l'économie de temps qui résulte de ce système ingénieux.

On vend de ces petites *orgues de dévotion* à des prix très-modestes chez tous les marchands d'horloges à musique.

\*\*\*

Pour vingt-sept francs on a de très-confortables cylindres en poirier, garantis dix ans, et jouant six prières, en suivant ou à volonté.

Une étiquette très-jolie, placée sur le couvercle de la boîte, indique la liste des six prières qu'elle contient.

Le répertoire le plus courant est celui-ci :
1. — Prière pour demander à Fô de rendre votre belle-mère enragée.
2. — Prière pour conjurer les scènes de jalousie dans le ménage.
3. — Prière pour la mort prochaine de votre propriétaire.
4. — Prière pour demander à Bouddha qu'il vous donne un enfant.
5. — Prière pour demander au même qu'il vous en reprenne trois.
6. — Prière pour qu'il ne vienne pas de pianos dans votre maison.

\*<sub>\*</sub>\*

Il y a, bien entendu, des *orgues de dévotion* beaucoup plus compliquées, mais, comme nous le disions plus haut, ce modèle est le plus usité.

Le maniement du *moulin à prières* n'a pas besoin d'être décrit ; il se devine sans peine.

Selon que le fervent veut demander au ciel l'étranglement de sa femme avec une arête de poisson, ou la destruction de toutes ses punaises, il n'a qu'à faire jouer un petit bouton et à moudre pendant un temps plus ou moins long, s'il veut répéter son vœu trois, six, neuf ou douze fois.

Dans les cas graves, lorsqu'il s'agit par exemple de solliciter de la Providence la mort subite d'un ami qui est en route pour vous apporter un billet de faveur pour le théâtre de la *Renaissance*, on adapte à la manivelle de l'*orgue de dévotion* le mouvement du tourne-broche mécanique, et ça joue l'invocation voulue pendant trois heures de suite.

※

Comme — malgré la modicité du prix des *moulins à prières*, — tout le monde n'a pas vingt-sept francs à dépenser pour se procurer cet ustensile de ménage, les Bonzes ont établi dans leurs temples des *moulins à prières* économiques.

Les fidèles, moyennant deux, cinq ou dix sous, peuvent venir y manifester leurs vœux.

※

C'est le bedeau qui tourne la manivelle.

Le fervent arrive et dit :

— Je voudrais demander quinze fois à Bouddha que ma femme ne se maquille plus, parce que cela salit mes taies d'oreiller.

Le bedeau consulte son tarif et répond :

— Quinze prières n° 14, à trois sous la pièce, ça fait deux francs vingt-cinq.

— Est-ce que vous ne pouvez pas me passer ça pour vingt sous?

— Non, c'est impossible!...

— Eh bien! tant pis! je m'en passerai... Je ferai mes prières civilement.

— Malheureux!... Qu'allez-vous faire?... Mettez au moins cinq sous de plus!

— Impossible... Bonsoir!

— Allons, voyons... donnez vos vingt sous... Mais nous n'y gagnons rien.

Et le bedeau, ajustant le bouton, tourne la mécanique de *l'orgue de dévotion* pendant trois minutes.

Nous sommes bien un peu honteux de narrer à nos lecteurs le petit trafic que font, en Chine, les ministres de la religion.

Mais nous ne pouvons transiger avec la tâche aride que nous nous sommes imposée, qui est de dire la vérité sur tous les usages des pays que nous parcourons.

Et puis, nous avons au moins la consolation de savoir qu'il n'y a qu'en Chine que les choses se passent ainsi.

Dans aucun autre pays, — même civilisé, — on n'a le triste spectacle de voir les ministres de Dieu faire marchander — comme du poisson — à leurs fidèles — le produit de leur sacerdoce.

Heureusement!... car ce serait à prendre en grippe les choses les plus sacrées.

## COMMENT ON SE FAIT PRÊTRE EN CHINE.

En Chine, la carrière ecclésiastique est presque aussi facile à embrasser que le sont, à Paris, les femmes que l'on rencontre chez Markowski.

Avec trente-huit francs vingt-cinq centimes, le premier citoyen venu peut se faire bonze :

| | | |
|---|---|---|
| Une robe à longues manches, | 38 fr. | »» c. |
| Se faire raser la tête | »» | 25 |
| Total : | 38 fr. | 25 c. |

Et ça y est.

Aussi voit-on à chaque instant des hommes, que l'on a quittés clercs d'huissier la veille, transformés en bonzes le lendemain matin.

⁂

Quand on a été bonze et qu'on ne veut plus l'être, c'est tout aussi simple, mais c'est un peu plus long, parce qu'il faut laisser repousser sa queue.

A part cela, pour le costume, on n'a qu'à prendre des habits plus courts...

Et l'on n'est plus bonze du tout.

⁂

Cette coutume est — il faut en convenir — un rude coup porté au système des vœux éternels.

Il n'expose plus, par exemple, les bonzes qui ne seraient plus bons à être bonzes à rester bonzes.

Nous n'oserions pas soutenir qu'en cela les Chinois sont beaucoup plus loin de la vérité que les peuples plus policés, où certains ecclésiastiques viennent de temps à autre traîner sur les bancs de la police correctionnelle, une soutane que l'on aurait peut-être mieux fait de leur laisser la faculté de troquer la veille contre un simple veston laïque.

⁂

## TRUC DE CERTAINS BONZES.

—

On rencontre assez fréquemment, en Chine, des bonzes indélicats qui cherchent à apitoyer les passants par des procédés peu scrupuleux.

Ils se livrent aux douceurs d'un simili-martyre, aux apparences trompeuses duquel se laissent encore aisément prendre certains abonnés des feuilles *Kler-Hic-Ales* qui pullulent en ce pays.

\* \*

Ils se promènent dans les rues avec une paire de tenailles à la main.

Et quand ils croisent les passants sur un trottoir, ils font semblant de s'arracher la peau, en poussant des cris terribles.

\* \*

Quelques morceaux de chair de chien ou de mouton, qu'ils ont eu le soin de s'attacher préalablement dessus, aident à l'illusion en pendant le long de leurs membres nus.

De plus, ils se collent, au-dessus des parties soit-disant meurtries, de petits sachets pleins de sang de poulet, qu'ils pressent adroitement, simulant ainsi des plaies saignantes.

\* \*

C'est tout simplement horrible; mais cela rapporte, à ce qu'il paraît, d'assez jolis bénéfices, prélevés sur l'attendrissement des vieilles béguines de la localité.

\* \*

Pendant que nous tenons ce sujet peu ragoûtant, et à côté duquel nous n'irions certainement pas de préférence manger notre pain, détournons-nous d'un autre qui n'est pas beaucoup plus apéritif.

Nous voulons parler de la pagode des suppliciés, à *Tien-Tsin*.

* * *

Dans cette pagode, on voit un grand nombre de statues, grandeur naturelle, en bois peint & doré, qui représentent les différents supplices en vogue dans l'Empire.

C'est tout ce qu'il y a de plus joyeux.

Nous ne parlerons pas de la cangue, qui est l'abécédaire du genre, et qui consiste à faire passer la tête & les mains du supplicié par des trous incommodes.

Un des groupes qui nous ont le plus frappé est celui du parricide....

C'est un homme nu & vivant que l'on est en train de scier par le milieu.

Il a des contorsions de physionomie terribles.

On sent qu'au moment où la scie frotte sur un os des côtes, il s'écrie avec douleur :

— Ce bruit m'agace les dents.

...

Pour la femme adultère, par exemple, les Chinois ont inventé un supplice qui est une vraie trouvaille :

On prend la malheureuse, — toute vivante toujours, bien entendu, — on lui ouvre le ventre...

( — Pardon, cher lecteur, si votre digestion n'est pas terminée, nous attendrons un peu. — Si... — Ah !... eh bien alors, nous continuons :)

...

On lui ouvre donc le ventre, et l'on en retire les entrailles...

On les remplace par des charbons ardents...

Et on recoud la peau, de façon à ce qu'il n'y ait pas de chaleur perdue.

...

Comme raffinement de supplice, nous doutons fort que l'on puisse aller beaucoup plus loin...

A moins que de faire prendre aux femmes qui ont trompé leur mari, de la poudre à canon en lavement, et d'y mettre ensuite le feu au moyen d'une étincelle électrique.

Nous nous repentons même bien un peu au fond d'avoir donnée cette idée aux Chinois.

Ils sont hommes à l'appliquer.

...

## L'ARMÉE EN CHINE.

L'armée chinoise se compose de deux grandes divisions :

1° Les troupes des *Huit-Bannières,* composées des Tartares, des Mongols, des Hankuins, &c.; une véritable julienne de nationalités diverses, qui ne savent pas au juste ce qu'on leur veut.

2° Les troupes du *Drapeau vert* ou *Lou-Yng*, formées de Chinois purs.

* * *

De plus, la Chine possède aussi un corps de volontaires, qu'elle n'a trouvé d'autre moyen de récompenser de leur zèle et de leur dévouement à la patrie, qu'en leur donnant le nom harmonieux de *Y-Yong*.

A chaque instant, ce malencontreux nom cause des disputes dans les rues...

Quand un de ces braves jeunes gens s'entend appeler : *Y-Yong* par un passant, il s'imagine que ce dernier imite le cri de l'âne pour se moquer de lui :

Et il dégaine.

\* \* \*

L'armée active se compose en tout de 700,000 hommes.

Un grand nombre de ces militaires vivent dans leur ménage, se livrent aux travaux de l'agriculture, et ne se rassemblent qu'à certaines époques.

D'ailleurs, ils sont très-mal payés.

\* \* \*

Quant à ceux qui restent constamment sous les drapeaux, ils sont d'une faiblesse, d'une insouciance et d'une incapacité à faire croire qu'ils ont été instruits, dirigés, moralisés par le maréchal Lebœuf.

Les officiers passent leur temps à jouer au billard dans les villes de garnison.

Ils ignorent tout ce qu'il leur serait indispensable de savoir.

Leurs connaissances topographiques sont absolument bornées.

On en cite un qui — dans une petite guerre que l'on avait voulu organiser pour simuler l'attaque d'une position ennemie, — voulait absolument établir un pont de bateaux pour traverser une grande route, et faire passer à gué, à son artillerie, un fleuve de trente pieds de profondeur.

*\*\**

Le moral de l'armée chinoise, surtout celui des chefs dont nous venons de parler, est en parfait accord avec leur degré d'instruction.

Ils se font une singulière idée de leur mission, et n'ont pas l'air de se douter un seul instant que les soldats d'une nation font partie de cette nation même.

*\*\**

Pour eux, tout ce qui porte un uniforme chamarré est naturellement supérieur à tout ce qui n'en porte pas.

Et les simples « *pékins* » sont à peine dignes, à leurs yeux, d'astiquer les éperons des jolis guerriers de l'Empire.

Aussi leur souverain peut-il compter absolument sur eux pour perdre toutes les batailles que lui livrent les armées étrangères, et pour gagner glorieusement celles qu'il peut avoir à livrer à l'intérieur aux fauteurs de désordres, revendiquant une liberté quelconque.

*\*\**

La discipline dans l'armée chinoise est excessivement sévère, — pour le simple soldat s'entend.

Elle a des rigueurs énormes pour le simple pioupiou qui dit *Zut !*... à son caporal, et des douceurs ineffables pour les hauts gradés qui trahissent leur pays.

..

Les premiers, on leur perce l'oreille d'une flèche...
On leur administre une bastonnade vive & animée...
Et après on les décapite.

..

Les autres, on les condamne à mort à 11 h. 35, on signe leur pourvoi en grâce à 11 h. 36, on commue leur peine à 11 h. 37, on les enferme à 11 h. 38 à double tour dans une idem, — dont ils s'échappent facilement à 11 h. 39.

## INSTITUTIONS DE CHARITÉ.

La Chine étant gouvernée aristocratiquement, c'est presque commettre un pléonasme que de dire que ce pays est perdu de misère.

Les infirmes, les indigents & les mendiants y sont en nombre considérable...

Et ces derniers parcourent les rues par milliers, demandant leur nourriture de porte en porte.

Ils usent de tous les moyens possibles pour attirer l'attention et provoquer la charité publique.

Ils en ont un entre autres, qui est très-ingénieux ; — on n'a même jamais pu savoir, en dépit de recherches historiques très-approfondies, si ce sont eux qui l'ont emprunté à notre civilisation, ou nous qui l'avons imité de la leur.

Ce procédé — très-usité par nos joueurs d'orgue de barbarie, — consiste à assourdir tous les habitants d'une rue à l'aide d'une musique horripilante, jusqu'à ce qu'on leur ait jeté quelques sous par les fenêtres, en leur criant d'aller porter plus loin leurs grincements odieux.

Les mendiants chinois, qui ont un grand fond d'observation et de philosophie, se sont dit :

— Il est moins facile d'obtenir qu'un bourgeois donne un sou, pour le soulagement des souffrances d'un autre, que de l'amener à en donner deux pour faire cesser — une des siennes.

Ce système a été couronné d'un plein succès.

Pour remédier autant que possible à ces misères immenses, le gouvernement chinois entretient une foule d'établissements de charité et de fourneaux économiques.

Il y a des hospices pour les enfants trouvés et même pour les enfants perdus.

Il y en a pour les veuves, les orphelins, les vieillards, les malades, les aveugles, les lépreux, &c., &c.

En temps de disette, par exemple, on emploie les grands moyens.

Nous sommes même pris d'une certaine hésitation à les indiquer ici, l'étude des mœurs chez les étrangers étant toujours pleine de périls.

Si ces mœurs sont défectueuses, on a l'air de courir spécialement après les allusions pour être désagréable à son propre pays.

Si elles sont bonnes, saines, vigoureuses, en un mot supérieures à celles de la nation à laquelle l'historien appartient, ce dernier semble encore vouloir souligner de parti pris l'infériorité de son pays natal.

.˙.

Ici, nous nous trouvons dans ce dernier cas. Il nous faut signaler, chez les Chinois, une pratique qui repose sur un principe mal vu en beaucoup d'autres endroits, le principe de la grande solidarité et… presque du… (Oh! mon Dieu! quel mot!… Enfin, tant pis…) et presque du socialisme.

.˙.

Donc, lorsqu'un fléau terrible a plongé la population chinoise dans une misère générale, les gouvernements locaux, pour secourir les pauvres, **LÈVENT** sur les riches et les gens de la classe moyenne des **CONTRIBUTIONS**.

.˙.

Nous avons souligné les mots principaux de la phrase qui précède, afin qu'il ne puisse y avoir confusion dans l'esprit de nos lecteurs.

Il y a en effet une forte nuance entre le système chinois employé en cette circonstance, et celui mis en pratique dans beaucoup d'autres pays pour venir en aide aux classes nécessiteuses.

\* \*

Partout — ou presque partout — on distribue bien des secours et des aumônes aux pauvres; mais ces secours et aumônes, qui font le plus grand honneur à la charité humaine, sont facultatifs et conservent naturellement leur caractère de bienfaisance.

\* \*

De plus, dans ce cas, ces aumônes sont faites sur les ressources communes ou avec l'aide de dons volontaires particuliers.

Et, en somme, la charge n'en vient pas peser également — c'est-à-dire proportionnellement, ce qui est la vraie égalité, — sur tous les citoyens aisés, riches ou richissimes.

\* \*

Le système chinois, lui, part d'un tout autre principe.

Un homme, dix hommes, dix millions d'hommes meurent de faim, par suite d'une grande calamité : une famine, une peste, une guerre désastreuse, &c., &c.

Pour les nourrir & les vêtir, chaque *gouvernement local* « LÈVE » des « CONTRIBUTIONS » sur les gens aisés.

Nos lecteurs nous comprennent bien, nous en sommes surs.

« LÈVENT » des « CONTRIBUTIONS » c'est-à-dire *imposent* à chacun sa part des charges nationales, dans la proportion de sa fortune, ce qui n'est pas du tout la même chose que de « *prier* » chacun de les alléger dans la limite de son..... bon vouloir.

\* \*

CONCLUSION. — Partout enfin où fleurit le système de l'aumône organisée, sur une aussi grande échelle qu'elle puisse l'être, le malheureux tend la main au millionnaire qui est libre de passer sans le voir.

En Chine, le percepteur dit au millionnaire d'un ton moins suppliant :

AVERTISSEMENT SANS FRAIS.

Contribution, patente, &c., &c.,   1,528 fr. »» c.
Triple denier de... disette,            458      40

\* \* \*

Nous n'apprécions ni ne comparons les deux manières; ce n'est pas dans notre cadre.

Nos lecteurs y songeront à leur aise.

\* \* \*

Mais... comme toute chose a son côté comique, nous devons aussi consigner le détail suivant se rattachant aux détails qui précèdent.

Grâce aux libéralités — forcées dont nous venons de parler, le souverain, en Chine, sait se faire facilement une réputation de prince généreux & magnifique.

*\**

La *Gazette de Pékin* — le *Grand-Off* de l'endroit — fait éclater tous les matins quatre ou cinq de ses colonnes sous le poids des munificences impériales.

Toutes les contributions extraordinaires qui ont été levées dans chaque province pour le soulagement de la misère publique figurent au compte de l'Empereur, qui est ainsi censé s'être privé des choses les plus indispensables pour venir en aide à son malheureux peuple.

*\**

Cela est d'un excellentissime effet sur les populations, qui n'y regardent pas de très-près et se figurent volontiers que, sans leur souverain, elles mourraient littéralement d'inanition.

Ce trompe-l'œil chinois de littérature officielle fait du reste un pendant fort réussi à la fameuse « *cassette particulière,* » qui a eu chez nous — et a encore même en d'autres lieux — si bon dos... si bon dos, qu'on lui met dessus, sans qu'elle ait seulement l'air de le sentir, plus de dons, de gratifications, d'aumônes, de secours & de subventions que le budget le plus robuste n'en pourrait supporter.

*\* \**

Ce truc de la « *cassette particulière* » des souverains est un des engins de popularité les plus malins que l'on ait jamais inventés.

Et cela se comprend d'ailleurs.

Sur dix citoyens pris au hasard, on en trouve toujours bien neuf qui sont émerveillés de la quantité d'or qui sort d'une « *cassette particulière* » d'empereur, et qui ne penseraient jamais à se dire :

— Il n'en sortirait peut-être pas tant, si j'en mettais moins.

*\* \**

Les souverains chinois, qui ne sont pas bêtes au fond, savent se souvenir constamment que Confucius, le fondateur d'une de leurs religions, a dit avec beaucoup de sens :

« Perds l'affection du peuple et tu perdras l'Empire. »

Et c'est pour échapper à cette menace qu'ils ont décidé de gagner l'affection du peuple en lui faisant — dans leur *Grand-Officiel* — beaucoup de bien... avec l'argent des autres.

On cite encore un trait qui confirme ce désir ardent, dont sont dévorés les empereurs chinois, de paraître généreux à peu de frais.

Vers l'an 746 de l'ère chrétienne, un souverain de Chine, dont le nom nous échappe, avait une femme qui briguait beaucoup aussi les douceurs enivrantes de la popularité.

\*\*\*

Elle s'était naturellement mise à la tête d'une foule de sociétés de bienfaisance; entre autres d'une, qu'elle avait trouvée toute fondée, et qui s'appelait l'Œuvre des Ragouts économiques.

Il s'agissait de soulager beaucoup d'infortunes, en facilitant aux travailleurs pauvres les moyens d'acquérir les objets de consommation indispensables à la vie.

C'était, pour une gracieuse souveraine, la plus noble des tâches.

\*\*\*

Elle présidait les séances du comité de l'Œuvre, chaque semaine, avec un aplomb énorme.

Tout le monde croyait qu'elle y versait au moins cinq mille francs par jour, tant elle y tenait de place.

Pas du tout... Elle additionnait tout simplement le chiffre des offrandes des autres et stimulait leur zèle.

De temps en temps, elle lâchait bien un billet de cinquante francs; mais elle avait bien soin de le verser en sous, de façon à ce que cela fît un bruit immense en tombant dans la tire-lire.

⁎⁎⁎

Enfin, ce qui nous paraît le chef d'œuvre du genre, elle organisait des concerts où l'on entendait toutes sortes de virtuoses en *off* et en *ski*, et plaçait les billets de ces solennités à une roupie par tête.

Cela coûtait aux bons Chinois leur argent et leur soirée.

Mais jamais, au grand jamais! la bonne impératrice ne mit les pieds dans les concerts qu'elle organisait.

⁎⁎⁎

Voilà onze cents ans que l'affaire est passée, et la légende populaire est restée vive & tenace dans l'esprit de tous les Chinois.

Parlez-leur de l'Impératrice…. — dont le nom nous échappe — et ils vous répondront tous avec des larmes d'attendrissement :

— Ah!.. ce fut une noble et généreuse femme!… elle dégagea, de sa bourse, toute la literie des pauvres, pendant l'hiver de l'année 746.

⁎⁎⁎

Nous terminerons ce chapitre sur les établissements de charité dans la Chine, en constatant que le service du sauvetage des noyés y est supérieurement organisé.

Il y a au fond du lit de chaque fleuve de grands filets que l'on peut remonter en un instant à la surface à l'aide de gros cabestans placés sur les deux rives.

Sitôt qu'un homme tombe à l'eau, on fait jouer la manivelle, on le retire, on le frictionne, on lui racle le ventre sur un tonneau, on le ramène à la vie & on le rend à sa famille.

Quand c'est une femme qui se noie, on agit absolument de la même façon.

Seulement on ne commence l'opération du sauvetage qu'une fois que l'on s'est bien assuré qu'elle n'a pas de gendre.

## INDUSTRIE & COMMERCE EN CHINE.

L'industrie chinoise est merveilleuse et très-ancienne.

Elle s'exerce principalement sur les objets qui constituent les agréments de la vie.

. . .

Les Chinois fabriquent des tissus & des porcelaines ravissants.

Leurs papiers, leur encre, leurs toiles, leurs gravures sur bois, leurs laques, leur imprimerie, etc., etc. sont très-appréciés.

Bon nombre de leurs modèles de chimie industrielle étaient même connus par eux plusieurs siècles avant de l'être en Europe.

. . .

Mais où ils excellent particulièrement, c'est dans les travaux minutieux qui demandent une extrême légèreté de main et une excessive patience.

Ils mettent leur amour-propre — et presque leur orgueil national — à exécuter de ces tours de force qui arrachent ce cri de l'âme à ceux qui les contemplent :

— Quel est l'héroïque crétin qui a fait cela ?

. . .

Le plus souvent, on se trompe : ce n'est pas un héroïque crétin qui a confectionné l'objet admiré.

Ce sont deux, trois, quatre héroïques crétins, qui, de père en fils, depuis cent soixante ans, ont voué leur vie entière à la fabrication d'un bibelot en ivoire ou en noix de coco, dont la sculpture, le découpage, le tour, la gravure & le polissage représentent 1,036,800 heures de travail.

. . .

On cite, entre mille chefs-d'œuvre de ce genre, un œuf de pigeon qu'un Chinois avait commencé à façonner vers 1648.

Il s'était donné pour tâche de sculpter en creux, dans l'épaisseur de la coquille, quinze bas-reliefs représentant les quinze plus grandes batailles de l'antiquité chinoise.

Chaque bas-relief représentait en moyenne deux cent trente mille combattants, dont la moitié à cheval.

Toutes les figures devaient être détaillées.

Et sur chaque képi devait apparaître très-lisiblement le numéro du régiment auquel le soldat appartenait.

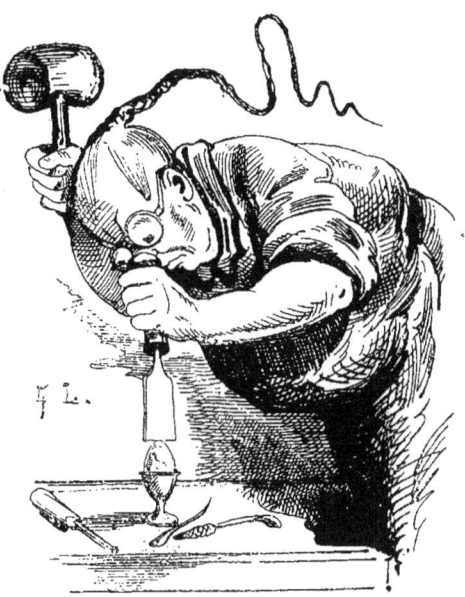

Ce Chinois dont l'idiotisme égalait la patience, s'il ne la dépassait pas, mourut sans avoir pu achever son œuvre.

Il en était au deuxième bas-relief.

Son fils trouva l'œuf de pigeon sur une table, et, d'une main ferme, se mit à continuer ce burinage intelligent.

Il vieillit à son tour et s'éteignit à 87 ans, n'ayant pu achever que le quatrième bas-relief.

A ce travail sa vue s'était presque complétement perdue. Il ne pouvait plus travailler qu'avec des verres n° 76.

Et il était obligé de regarder de si près son ouvrage, que l'œuf de pigeon ressemblait à un œil qui lui serait sorti de la tête et qu'il s'efforçait de faire rentrer dans son orbite en l'appuyant sur la table.

* * *

Ce qu'il y a de terrible, c'est que ces braves continuateurs d'une œuvre éminemment nationale ne pouvaient pas se faire aider dans leur travail.

Un jour, vers 1794, l'un d'eux avait eu douze fils qui tous, après sa mort, voulurent se mettre à l'œuf pour que cela allât plus vite.

Ils reconnurent bien vite qu'il était presque aussi impossible à douze Chinois de travailler en même temps à un œuf de pigeon, qu'à deux ouvriers français de travailler à la fois à la fontaine du Château-d'Eau.

De génération en génération, l'œuf est arrivé aujourd'hui à être à moitié sculpté.

On a calculé qu'il sera fini vers 2345, en admettant toutefois qu'il n'y ait aucune lacune dans la vocation des descendants mâles de notre héros.

* * *

## LITTÉRATURE, ARTS CHEZ LES CHINOIS.

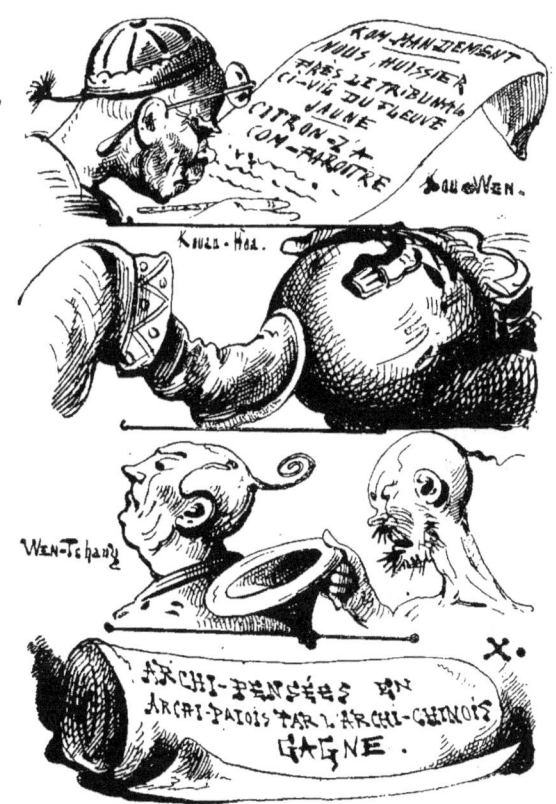

Pour exprimer toutes leurs idées, les Chinois ont quatre langues très-différentes :

1° Le Kou-wen, langue savante qui s'écrit et ne se parle pas ;

2° Le Kouan-Hoa, langue commune qui se parle et ne s'écrit pas ;

3° Le Wen-Tchong, langue intermédiaire qui se parle et ne se comprend pas ;

4° Et enfin une langue patoise qui ne se parle ni ne se comprend.

C'est la plus claire.

*\* \**

Les Chinois ont découvert l'imprimerie neuf siècles avant nous.

Avec quelques planches en bois et des caractères de cuivre, ils ont réussi à faire une Encyclopédie de 5,000 volumes.

*\* \**

Cette Encyclopédie naturellement passe pour une des plus complètes qui existe.

Chaque mot y est traité longuement et avec des détails inouïs.

Celle de Pierre Larousse n'est qu'une naine à côté.

*\* \**

C'est très-gênant pour les recherches, par exemple.

Vous avez à étudier, je suppose, le mot Trafalgar. Vous ouvrez le volume qui commence à *Traf*, et vous vous dites :

— Je vais trouver mon affaire là-dedans.

Pas du tout !,..

De Trafak à Trafal, on est obligé de prendre une voiture...

Il y a 125 volumes.

*\* \**

Ce simple détail indique assez qu'en Chine, toutes les choses qui ont trait à l'imprimerie et à la librairie se traitent sur une grande échelle.

Le papier date des premiers siècles de notre ère.

Il y a d'énormes bibliothèques.

Et les livres y sont établis à très-bon marché.

Quant à l'art typographique en Chine, il est beaucoup plus compliqué que partout ailleurs.

L'on ne s'en étonnera pas lorsque nous aurons dit que l'alphabet se compose de 40,000 lettres.

Nos lecteurs ont certainement vu travailler les typographes français.

Debout, devant leur casse, qui ne contient guère qu'une centaine de petits compartiments, ils peuvent aisément, en étendant le bras à gauche, à droite, en haut et en bas, prendre toutes les lettres qui leur sont nécessaires.

En Chine, cela ne se passe pas ainsi.

La casse du compositeur, devant forcément contenir 40,000 lettres différentes, il faut qu'elle soit divisée elle-même en 40,000 petits trous.

Ce qui fait qu'elle a vingt-cinq mètres de hauteur, sur une largeur à peu près égale.

Impossible au typographe, comme on le pense bien, d'aller prendre avec sa main des lettres à tous les bouts de ce formidable engin.

Qu'ont imaginé les Chinois pour parer à cette difficulté ?

Ils font mettre au compositeur une ceinture de gymnastique, avec un fort anneau en fer.

L'ouvrier est suspendu par cet anneau au-dessus de sa casse, au moyen d'une grande corde fixée au plafond...

Ce qui lui permet de se balancer à sa volonté et d'aller chercher aux extrémités les plus reculées les lettres qu'il veut prendre pour les placer dans son composteur.

Peut-être n'avons-nous indiqué que très-imparfaitement cet ingénieux mécanisme.

Mais si notre dessinateur veut y mettre un peu de bonne volonté, il peut en trois traits de crayon compléter très-clairement notre description.

* * *

Les livres chinois sont reliés à l'inverse des nôtres.
Les feuilles, pour être réunies en volumes, sont attachées par les bords.
On commence à lire un volume par la page qui touche à la couverture droite.
Et l'on continue ainsi en allant vers la gauche jusqu'au dernier feuillet, qui est notre premier.

* * *

Cela nous paraît étrange à nous autres qui avons l'habitude contraire.
Mais si nous y étions faits, cela nous semblerait tout aussi naturel.

* * *

Ainsi, par exemple, si nos lecteurs voulaient en faire l'épreuve, en lisant à la manière chinoise un roman de Xavier de Montépin....
Ils verraient que non-seulement le livre est aussi compréhensible, mais encore qu'il y gagne beaucoup en intérêt.

* * *

Du reste, puisque nous sommes sur ce sujet, disons que beaucoup de coutumes chinoises ressemblent aux nôtres, mais à l'envers.
On dirait qu'ils le font exprès, et que de temps en temps ils envoient deux ou trois ambassadeurs en France, sous prétexte de saluer notre souverain, mais en réalité pour voir par quel bout nous mangeons les asperges, afin de se mettre à les manger par l'autre.

※

Cela ressemble à un parti pris de dénigrer notre conduite, en faisant avec acharnement le contraire de ce que nous faisons.

※

Seulement la chose leur a joué un vilain tour.

Vers 1853, un Chinois avait été envoyé en espionnage à Paris.

Un des nôtres, qui avait flairé l'objet de sa mission, l'invita à dîner chez lui, et au dessert se mit à accabler sa belle-mère de prévenances, de politesses, de friandises, de compliments, etc., etc.

※

La belle-mère n'en revenait pas & se demandait ce qu'il pouvait bien y avoir là-dessous.

Le Chinois, lui, prenait des notes, et écrivait sur son calepin :

« Français comblent leurs belles-mères de soins assidus, les
» embrassent, leur choisissent bons morceaux, leur apportent
» chaufferettes, les emmènent jamais aux Bouffes-Pari-
» siens, etc., etc. »

※

Quand l'ambassadeur fut de retour à Pékin, son premier soin fut de rédiger une brochure, qu'il fit tirer à six millions d'exemplaires, et dans laquelle les Français étaient représentés comme inondant leurs belles-mères de douceurs & de bons procédés.

L'effet ne se fit pas attendre.

Le soir même du jour où cette brochure parût, tous les gendres chinois cherchèrent une mauvaise querelle à la mère de leur femme, et la flanquèrent par la fenêtre après lui avoir dit les choses les plus aigres & les plus cruelles.

Les Chinois, encore cette fois, n'avaient pas voulu faire comme nous.

Et ils avaient bien fait. — Oh! pardon! — ce cri du cœur nous a échappé.

La poésie lyrique chez les Chinois est excessivement monotone.

Tous les vers ont le même nombre de syllabes.

Jamais M. de Lorgeril n'aurait pu habiter ce pays-là.

Sa muse y eut été trop gênée.

Le théâtre est très-cultivé.

Chaque maison opulente a sa salle de spectacle.

Il paraît que c'est très-commode dans la journée pour faire sécher le linge.

*<br>* *

Les acteurs, richement vêtus, arrivent, se prosternent le front dans la poussière et présentent au principal convive un livre où sont écrites en lettres d'or les 50 ou 60 comédies qu'ils savent par cœur.

Le convive influent choisit, et la représentation commence au bruit d'une musique wagnérienne.

*<br>* *

Les femmes chinoises n'assistent à la représentation que placées derrière des espèces de persiennes qui leur permettent de voir sans être vues.

*<br>* *

Les spectateurs mâles n'aperçoivent que leurs yeux qui percent à travers la jalousie.

Et quelquefois — quand les actrices en scène sont trop jolies — la jalousie qui perce dans leurs yeux.

*<br>* *

La loi défend aux acteurs de représenter sur la scène des empereurs, des impératrices, premiers ministres, généraux, et généralement tout fonctionnaire.

La plus simple des contraventions à cette loi est punie de mort.

*<br>* *

Quelquefois, l'embarras d'un comédien est très-grand.

Il peut, sans s'en douter, avoir une ressemblance physique avec un haut dignitaire.

Et si celui-ci trouve dans son rôle la moindre phrase qui puisse être interprétée comme une allusion, il peut faire empaler le comédien à la sortie du théâtre.

Un jour ce désagrément arriva à un artiste dramatique d'un grand talent. C'était un petit garçon qui jouait les ingénues, car en Chine, les femmes ne montent pas sur les planches.

Cet adolescent avait le malheur de ressembler beaucoup à l'impératrice de Chine.

Même chevelure blond roux, même œil cerné au coin extérieur, même bajoues pendant sur les épaules, etc., etc.

Bref, c'était à s'y méprendre.

Pour comble de guignon, cette Impératrice chinoise avait un signe particulier....

C'était de parler le chinois comme un vrai fiacre et de faire, en plein conseil de régence, des cuirs à atterrer un prévôt d'armes de régiment.

\* \* \*

Or, un soir, le jeune artiste entre en scène et récite les premiers mots de son rôle, qui étaient :

— Ma chère, j'ai commandé-z-au magasin du Louvre, où vous *aureriez* dû aller faire vos achats, une parure dont à laquelle...

C'était dans le rôle; l'artiste n'y était pour rien.

\* \* \*

Mais l'Impératrice chinoise, qui assistait à la représentation et qui avait remarqué la ressemblance physique dont nous avons parlé, pinça les lèvres en se disant :

— Plus de doute!... Il parle comme moi... Il est payé par les *radicals* pour me tourner en ridicule...

Le soir même, le petit comédien était étranglé en sortant du théâtre.

. .

Comme dans beaucoup d'autres pays, où l'on ne mange pourtant pas d'araignées, les comédiens sont très-méprisés en Chine.

Ils sont même réputés infâmes et inadmissibles au mandarinat.

. .

Le comédien paie ses impôts comme tout le monde.

Il est de la garde nationale, quand il y en a.

S'il ne monte pas sa garde, on le fourre aux Haricots.

Il tire à la conscription....

Contribue à toutes les charges publiques, est électeur, quand il y en a.

. .

Mais jamais de sa vie, ni son talent comme artiste, ni son mérite personnel comme homme, ni les services qu'il peut rendre à l'art, à la société, ne peuvent suffire à lui faire accorder une récompense honorifique quelconque.

.'.

Qu'il travaille honorablement pour gagner sa vie, qu'il élève ses enfants laborieusement, qu'il contribue à la grandeur de son pays, en illustrant son art....

Il verra, pendant toute sa vie, d'innombrables croix d'honneur lui passer devant le nez, pour aller se plaquer sur la poitrine du fils d'un ministre à la veille d'être dégommé, ou sur celle d'un professeur clérical que l'empereur de Chine aura voulu consoler d'avoir été hué à son cours par ses élèves.

\*.\*

La poétique chinoise veut que toute pièce ait un but moral.

Le théâtre est très-chaste, l'obscénité étant considérée comme agréable au demi-monde et punie dans l'autre.

\*.\*

A cet égard pourtant les opinions paraissent très-partagées.

Quelques voyageurs anglais prétendent avoir vu représenter et applaudir en Chine toutes sortes d'indécences.

Il est bien difficile de se faire une idée juste là-dessus. C'est une question d'interprétation.

Quand on voit tout le mal qu'ont les littérateurs des pays civilisés rien que pour se mettre d'accord sur le sens et la valeur du mot *Théâtre moral*, on conçoit sans peine que certaines scènes du théâtre Chinois aient pu paraître du Berquin aux uns et du Xavier de Montépin aux autres.

\* \*

Même en France, nous trouvons encore des gens que la crudité de Molière révolte et que les grossièretés d'Albert Millaud amusent!...

Où est donc le *moralomètre* qui mettra d'accord, sur le compte de l'honnêteté dramatique, les partisans du bon rire sain. et les tartuffes de la fausse chasteté ?

\* \*

## ARCHITECTURE CHEZ LES CHINOIS.

—

Les constructeurs chinois visent au svelte et au léger bien plus qu'au solide.

Ils affectionnent la forme pyramidale.

Que leurs monuments soient gracieux, c'est tout ce qu'ils recherchent.

Qu'ils menacent de s'écrouler sur ceux qui les habitent, ils n'ont pas l'air de s'en soucier.

On dirait qu'ils ne construisent que pour loger leurs belles-mères.

Les Chinois ont une sainte horreur des vastes horizons ; ils mettent des jardins partout pour masquer leur vue.

Cependant les rues sont symétriques et régulières.

Ils ont reconnu — comme dans beaucoup d'autres pays, — qu'en cas d'insurrection, les voies droites sont une chance de plus de conciliation, en rapprochant les distances entre le peuple et... l'artillerie impériale.

Les maisons des particuliers ont leurs dimensions réglées par les lois, conformément au rang qu'occupent les propriétaires.

Plus la maison a d'étages, plus le particulier qui l'habite a de fortune ou de puissance.

\* \*

Dans le quartier où demeurent les hommes d'affaires, de bourse et de spéculation, on est tout le long de l'année en démolitions et en reconstructions.

La fortune s'abaissant ou s'élevant très-rapidement, l'un, qui a été ruiné à la liquidation de fin de mois, est obligé de faire abattre deux étages, pendant que son voisin, qui a été plus heureux, se paie un quatrième, etc., etc.

\* \*

Cela n'en finit pas.

Aussi, pour parer à cet inconvénient, les constructeurs modernes ont imaginé un système de maisons à coulisses qui, au moyen d'une forte manivelle placée dans le sous-sol, peuvent s'élever ou s'aplatir selon les revirements de fortune du propriétaire.

\* \*

A la fin de chaque semaine, le commerçant, l'industriel, le financier dresse son bilan.

Et selon qu'il a gagné ou perdu de l'argent, il descend dans sa cave et donne deux ou trois tours à la mécanique, en avant ou en arrière.

Alors la maison s'allonge ou se raccourcit proportionnellement à ses bénéfices ou à ses pertes.

.*.

Quand on circule dans ce quartier-là un jour de fin de mois, le coup d'œil est des plus extraordinaires.

On voit monter ou descendre le toit des maisons comme par enchantement.

.*.

Il y a des chats auxquels cette ondulation joue de très-vilains tours.

Nous en avons vu un, qui, par une belle matinée d'août, avait grimpé sur le toit d'une petite maison modeste, d'un étage, pour aller faire des propositions honnêtes à la chatte d'une maison voisine.

.*.

Tout à coup, au moment où notre Don Juangora de gouttière allait atteindre le balcon de sa Zerline, le locataire de la maison sur laquelle il opérait, reçut un télégramme ainsi conçu :

« Monsieur GROH-VEINH-HAR,

» Tante KAB-AS-HING morte ce matin. Héritez trente mille livres rentes. »

.*.

Immédiatement Monsieur GROH-VEINH-HAR, en proie à une joie folle, se mit à faire tourner avec délire la manivelle qui devait mettre sa maison au niveau de sa nouvelle position.

Si bien qu'en moins de trois secondes, notre chat, qui croyait ne plus être séparé du bonheur que par une simple enjambée, se trouva perché sur un toit, à huit étages du sol, soit soixante-trois pieds au-dessus du grenier de sa belle.

Il se penchait sur le bord de la gouttière, poussant des miaulements désespérés, mais n'osant franchir une distance aussi redoutable.

Cela fendait l'âme.

Il passa trois jours & trois nuits dans cette cruelle situation.

A bout de forces, n'ayant rien mangé ni rien bu depuis soixante-douze heures, impuissant à se cramponner aux tuiles, il allait inévitablement se laisser tomber dans le vide...

Lorsque, heureusement, le quatrième jour, à huit heures vingt-cinq minutes du matin, il sentit tout à coup s'ébranler le toit sur lequel il était perché.

* * *

Ce toit descendait avec une rapidité prodigieuse, et en très-peu d'instants était revenu au niveau d'un entresol bas.
Le chat était sauvé.
Il devait son salut à une circonstance miraculeuse.
On sait comment Groh-Veinh-Har avait reçu la nouvelle de la mort de sa belle-mère :

Plein d'idées spéculatives, il avait réalisé ses trente mille francs de rente & acheté des actions des *Galions de Vigo*.
Le lendemain, il avait dû faire jouer de nouveau sa manivelle & raccourcir sa maison de vingt et un mètres.

### * * *

Ce système de constructions à coulisses produit quelquefois d'autres effets.

Pour que la maison s'aplatisse, les étages sont naturellement obligés de rentrer les uns dans les autres comme les tubes d'une lorgnette.

Alors il faut avoir soin, quand on veut la raccourcir de deux ou trois étages, de ne rien laisser de fragile dans les logements, sans quoi tout se trouve aplati entre les planchers & les plafonds qui se rejoignent.

### * * *

Pour avoir négligé de prendre cette précaution, un riche boursier de Pékin fut cruellement puni — ou récompensé — selon les goûts.

C'était à l'époque de l'expédition française en Chine.

All-Ah-Hôss (c'est le nom de notre financier) avait fait une très-rapide fortune sur des valeurs à fluctuations rapides....

Et en peu de temps sa maison s'était élevée à une hauteur de onze étages.

### * * *

Comptant sur le succès des armes chinoises, All-Ah-Hôss avait acheté une masse d'obligations livrables fin courant...

Et il comptait réaliser un gain énorme le jour où l'armée française serait culbutée.

### * * *

Les événements tournèrent tout autrement, et un soir All-Ah-Hôss reçut la nouvelle que Palikao était vainqueur.

La Bourse avait baissé avec une rapidité foudroyante.

Les désastres de l'armée chinoise, quoique transformés par les papiers publics en éclatantes victoires, pesaient horriblement sur les fonds.

Les tigres à éventails, troupes d'élite, avaient sauté le pas.

ALL-AH-Hôss perdait net huit cent mille francs.

Selon l'usage du pays, son premier soin fut d'aller tourner rapidement la manivelle, afin de diminuer de neuf étages la hauteur de sa maison.

108  LE TOUR DU MONDE

.·.

Seulement, comme il avait perdu la tête en même temps que ses huit cent mille francs, il tourna le *déveinomètre* avec tant de précipitation, qu'il n'eut même pas le temps de se souvenir que madame ALL-AH-Hôss était en ce moment au troisième, en train de faire sa toilette.

.·.

Le onzième étage descendit dans le dixième, le dixième dans le neuvième, le neuvième dans le huitième, etc., etc.
Jusqu'au quatrième qui se coulissa à son tour dans le troisième où madame ALL-AH-Hôss se maquillait tranquillement.

.·.

On se rend aisément compte de l'effet....
Madame ALL-AH-Hôss fut prise entre le parquet et le plafond, et, en un clin d'œil, réduite à l'épaisseur d'un timbre-poste.

.·.

Pendant ce temps ALL-AH-Hôss, qui avait eu le soin de se tenir au rez-de-chaussée, était plongé dans ses livres, cherchant déjà le moyen de relever son crédit et sa maison.

*
\* \*

Tout à coup, il se souvint qu'il avait laissé sa femme au troisième étage....

Il poussa un cri déchirant et s'écria, avec l'accent d'un violent désespoir :

— Pauvre chérie !... Elle m'était si dévouée !... Ma ruine a dû lui donner un coup !...

\* \*

Quoiqu'il en soit, et comme les meilleures choses ont toujours leurs petits inconvénients, auxquels il faut bien se résigner, cette manière, adoptée en Chine pour mesurer la fortune des particuliers, a de bien grands avantages.

\* \*

On prétend qu'une pensée humanitaire a seule guidé les législateurs, quand ils ont décidé que les gens sans fortune n'auraient droit qu'à des maisons basses.

Ils se sont dit :

— Souvent la misère pousse un homme à se jeter par la fenêtre. Il faut que la loi l'oblige à demeurer au rez-de-chaussée.

\* \*

Dans la plupart des maisons chinoises, il n'y a pas de cheminées.

Elles sont remplacées par une grande estrade de deux mètres de long sur quatre de large, recouverte de nattes et de couvertures, qui sert de lit où peut coucher la famille tout entière.

\* \*

Pendant l'hiver, chez les gens pauvres, le personnel se tient constamment groupé sur cette estrade, y boit, y mange, y travaille et y dort, en se serrant le plus possible pour avoir chaud.

Quand la famille est nombreuse, cet enchevêtrement de bras et de têtes la fait ressembler à une espèce de nougat humain.

Ce n'est pas que ce soit propre, mais ça tient moins de place.

⁎⁎⁎

Les temples sont ornés de bibelots en grande quantité.

Les idoles qui peuplent ces édifices sont en si grand nombre, que les Bonzes eux-mêmes, voués à leur culte, ne les connaissent pas toutes et ne peuvent souvent les nommer.

⁎⁎⁎

De là naturellement des prières qui ratent tout à fait ou qui produisent des résultats désastreux, parce qu'elles ne sont pas adressées à qui de droit.

Ainsi, par exemple, on a vu des jeunes femmes chinoises aller prier un Bonze d'intercéder pour elles auprès d'un petit Bon Dieu en bois doré, pour qu'il leur accordât de ne point avoir d'enfants.

Le Bonze se trompait d'idole, allait faire sa prière devant une autre que celle qu'il eût fallu, et au bout de six mois, les jeunes Chinoises accouchaient de cinq jumeaux.

⁎⁎⁎

## SCULPTURE CHEZ LES CHINOIS.

—

L'art de la plastique est beaucoup trop arriéré en Chine pour que nous nous en occupions.

Quelques hardis novateurs ont bien essayé d'introduire à Pékin des bonshommes en pain d'épices, provenant de la foire de la barrière du Trône, espérant ainsi provoquer chez les statuaires Chinois une émulation salutaire.

⁎⁎⁎

Mais ils ont dû renoncer à leur tentative.

On a trouvé que c'était là de la sculpture trop réaliste et trop maniérée.

⁎⁎⁎

On ne prévoit pas pouvoir les amener au marron d'Inde sculpté avant deux ou trois mille ans.

## LA MUSIQUE EN CHINE.

La musique des Chinois est à peu près ce qu'est la nôtre.
La seule nuance, c'est que nous en avons deux sortes : l'agréable et l'assommante, et qu'ils n'en ont qu'une, qui n'est pas l'agréable.

\* \* \*

Bien entendu les Chinois méprisent souverainement notre musique.
Ils se servent à peu près des mêmes instruments que nous.
Seulement ce sont les femmes qui jouent des instruments à vent, et les hommes qui raclent des instruments à cordes.

\* \* \*

Ils sont en cela fidèles à leurs principes de réserver au sexe faible les ouvrages les plus pénibles.
Nous n'insisterons pas sur le coup d'œil gracieux que doit présenter un orchestre dans lequel les hommes pincent de la harpe pendant que les femmes jouent du trombone.
Il est très-aisé de se figurer ce tableau.

\* \* \*

Quant à nous personnellement, il nous tarde d'abandonner ce sujet qui nous remplit le cœur d'une grande tristesse.
Car nous ne connaissons rien de plus navrant au monde que de se dire :

— Il y a quelque part une douce créature qui joue de l'ophicléide!... Et elle est à un autre!...

## LA PEINTURE EN CHINE.

La peinture était en honneur chez les Chinois dès la plus haute antiquité.

Seulement, ils ne l'ont pas perfectionnée.

Ils n'ont aucune idée du clair-obscur, des effets de lumière, aucune entente du modelé.

Quant aux règles de la perspective, ils n'ont jamais voulu en entendre parler.

Leurs petits bonshommes sont de la même dimension au cinquième plan qu'au premier, ce qui fait que les premiers ont tout simplement l'air de danser sur la tête des autres.

Il y eut pourtant, pendant trois siècles (vers l'an 900), un engouement artistique très-prononcé.

C'était devenu une folie.

On vendait ses terres pour acheter des tableaux et se faire une galerie.

Mais les obscénités que se plaisaient à peindre les artistes avilirent bientôt l'art.

Et ces peintres ne tardèrent pas à tomber dans une affreuse débine, les romans de Barbey d'Aurevilly, que leur genre de talent les rendait propres à illustrer, ne paraissant pas encore.

### ✶

Depuis le xvııᵉ siècle, la peinture est complétement délaissée en Chine.

Manet lui-même n'y trouverait pas d'amateurs.

### ✶

Nous ne terminerons pas cette étude sur la Chine, sans dire quelques mots de l'expédition anglo-française en 1860.

A la suite d'une guerre assez courte, les troupes alliées victorieuses s'étaient trouvées réunies devant le célèbre palais d'Été, qui occupe à lui seul une superficie de quatre lieues carrées et qui contenait des magnificences étonnantes.

### ✶

Nul Européen, avant cette époque, n'avait jamais pénétré dans ce palais sacré aux yeux du peuple.

On résolut, pour frapper un grand coup, de violer cette résidence.

### ✶

Les soldats de ce même pays qui, onze années plus tard, devait se plaindre amèrement du pillage de ses pendules, pénétrèrent donc dans ce palais d'Été et le mirent complétement sens dessus dessous.

Les vases furent brisés, les tentures hachées, les tapis lacérés, les richesses gaspillées, les trésors pillés, etc., etc.

### ✶

Le général Montauban et le commandant en chef de l'armée anglaise furent, dit-on, atterrés de la conduite de leurs soldats et voulurent arrêter cette dévastation.

Nous ne savons pas au juste jusqu'à quel point l'histoire admettra ce prétendu étonnement de deux chefs versés dans les coutumes de la guerre.

*\* \**

Quant à nous, il nous semblera toujours assez difficile que l'on puisse y croire.

Il faudrait n'avoir pas vu l'armée napoléonienne opérer, *dans son pays même*, en décembre 1851, pour s'étonner qu'en pays étranger et conquis, des soldats ivres, — ne fût-ce que de gloire, — aient pu ne pas respecter les meubles de leurs ennemis.

*\* \**

Les généraux anglais et français ne pouvaient avoir à cet égard aucune illusion.

Et ce pillage, sur lequel ils prétendent avoir versé tant de larmes, il est difficile, avec les meilleures intentions du monde, d'en faire remonter la responsabilité au concierge du n° 37 de la rue Chapon.

*\* \**

Une circonstance d'ailleurs lèverait nos derniers doutes, s'il pouvait nous en rester à ce sujet.

Quand les deux chefs en question virent que la dévastation était irrémédiable, ils prirent un parti héroïque :

Celui de l'achever eux-mêmes.

* * *

Une répartition de tous les objets précieux eut lieu entre les deux commandants alliés.

De nombreux colis furent envoyés à Londres et à Paris.

Le reste fut brûlé.

* * *

Par exemple, ce qui paraît hors de doute, c'est qu'aucun de ces deux chefs d'armée ne conserva pour lui la moindre part du butin.

Il envoya le tout intégralement à son gouvernement.

De méchants bruits en sens contraire ont bien un peu circulé, surtout à propos du général Montauban, depuis comte de Palikao.

Mais ce ne sont que des cancans.

* * *

Tous les gens qui ont eu l'honneur de vivre dans l'intimité du général, savent qu'il n'a pas gardé un seul souvenir du palais d'Été.

Bien mieux!... Il paraît qu'en revenant en France, il retrouva dans sa poche un petit étui à cigarettes, qu'il avait acheté treize sous dans un bazar de Pékin; et que pour ne point être accusé de l'avoir *chapardé*, il poussa le scrupule jusqu'à l'envoyer au musée du Louvre.

On ne peut qu'admirer un tel exemple de loyauté.

* * *

Quoiqu'il en soit, le pillage du palais d'Été eut quelque peine à être considéré en Europe comme une action d'une exquise délicatesse.

Et la froideur marquée avec laquelle la nouvelle en fut accueillie à l'étranger, et même en France par les citoyens que l'Empire n'avait pas encore rendus tout-à-fait filous, fit naître chez les Anglais et les Français qui avaient pris part à l'expédition, non un remords d'avoir commis cette action, mais une certaine contrariété de se l'entendre reprocher.

*\*\**

Aussi vit-on bientôt chacune des deux nations en décliner la responsabilité et la rejeter avec aigreur sur l'autre.

Les Anglais prétendirent que les Français avaient commencé le saccage, et qu'eux n'avaient emballé les trésors que pour éviter qu'ils ne fussent abîmés par nous.

De notre côté, nous jurâmes nos grands dieux que si nous avions fait quelques paquets de bibelots sans importance, c'était uniquement parceque les Anglais nous avaient donné l'exemple.

De part et d'autre, chaque allié assura qu'il avait dit à l'autre :

— Vous savez !... il ne faut toucher à rien.

Comment arriver à débrouiller la vérité au milieu d'assertions aussi contradictoires ?

Ce qu'il y a de bien certain, c'est que si les Français et les Anglais se renvoyèrent vigoureusement les reproches, ni l'un ni l'autre ne renvoyèrent aucun colis.

Ainsi fut consacrée une fois de plus, sur le dos des Chinois, cette sublime maxime du dieu.... de la Guerre et des Carrières d'Amérique :

« *Le bien d'autrui, tu ne prendras,* »
« *Qu'étant le plus fort seulement.* »

## DE LA JUSTICE ET DE LA POLICE EN CHINE.

Avant de quitter ce pays, dont nous venons d'analyser les mœurs et les coutumes, nous consacrerons un dernier chapitre à l'une de ses plus intéressantes institutions.

En Chine — comme partout d'ailleurs — il est fort curieux d'étudier ces deux branches de l'administration que l'on nomme la *Justice* et la *Police*.

Pour l'application de leur code pénal, les Chinois partent de ce principe sublime que l'Empereur est le père de tous ses sujets.

Or, tout attentat contre l'autorité est considéré et puni comme un attentat contre la famille.

Il est évident que ce système *tout paternel* a pour résultat immédiat d'aggraver les peines encourues par les citoyens....

Et en politique surtout, les gouvernements peuvent en tirer les meilleurs fruits.

Exemple :

Un sergent de ville chinois, en temps d'effervescence, s'approche d'un groupe et dit :

— Circulez, tas de canailles !... Circulez !

Les flâneurs, choqués d'un tel procédé, résistent et disent au sergent de ville si plein d'aménité impériale :

— Zut !...

### * * *

Immédiatement la force armée arrive, fait feu sur le groupe rebelle et régicide, en tue la moitié et arrête l'autre.

Les survivants sont naturellement traduits devant un conseil de guerre.

Et le procureur impérial pose la question en ces termes rassurants :

### * * *

Messieurs !...

Il ne s'agit point ici d'un délit vulgaire. La loi est formelle. L'Empereur étant le père de ses sujets, le sergent de ville étant le représentant de l'Empereur, celui qui dit : Zut! à un sergent de ville, dit : Zut!... à son père.

Or... dans le cas qui nous est soumis, ce : Zut!... qui n'a l'air de rien par lui-même, est bel et bien un parricide! ..

Nous requérons donc contre tous les accusés la peine de mort.

La loi étant textuelle, la peine de mort est presque toujours accordée.

* * *

L'impiété est un des plus grands crimes prévus et réprimés. Les peines encourues sont terribles.

Il faut avouer pourtant qu'on ne brûle pas les gens irréligieux...

On les empale.

Nous n'insisterons pas sur ce sujet brûlant; les questions religieuses excitent assez les passions un peu partout, sans que nous venions encore donner prétexte à d'aigres discussions, en nous occupant de la façon dont les Chinois comprennent la foi et la liberté de conscience.

\*
\* \*

Nous dirons seulement que, là où l'impiété est punie du pal, la piété n'a peut-être pas autant de mérite.

Les gens qui vont librement à la messe dans les pays où la peine de mort n'est pas édictée contre ceux qui s'en passent, nous semblent presque aussi intéressants que ceux qui communient par autorité de justice.

Et puis tout ceci est une affaire d'appréciation personnelle.

\*
\* \*

En Chine, on ne se sert presque pas d'avocats.

Il y a même très-peu de juges.

Les uns et les autres sont d'ailleurs presque inutiles, on l'a reconnu, attendu que la justice des Chinois est, à peu de chose près, aussi sommaire que l'était celle du 2 décembre 1851 chez les Français.

\*
\* \*

Dans une grande partie des causes, c'est le mandarin qui remplit, à la satisfaction générale, les rôles de président, de jury, d'accusateur et de défenseur.

Si sa digestion a été bonne, ou si madame ne l'a pas contrarié le matin, on a quelque chance de le voir juger une affaire avec équité.

\*
\* \*

Dans le cas contraire, dam!... les meilleures causes peuvent être compromises.

Nous essaierions bien d'apporter à ce sujet quelques légères consolations aux Chinois, en leur disant que dans beaucoup de pays où la justice se rend autrement, elle ne s'en rend pas moins de même.

Mais la crainte de voir cette appréciation prise en mauvaise part, par les magistrats araucaniens, nous retient.

\*
\* \*

Contrairement au principe adopté presque partout, les amis et parents d'un accusé peuvent témoigner pour lui et même plaider sa cause.

Mais — ici nous retrouvons toujours le même *mais* — il faut que cela convienne au mandarin.

* * *

Le mandarin, comme nous avons l'occasion de le constater à chaque instant, est une sorte de fonctionnaire à poigne et à tout faire, de qui dépendent absolument tous les intérêts publics et particuliers.

* * *

Ayant très-peu de compte à rendre, il a nécessairement beaucoup d'argent à recevoir.

Et dans un procès quelconque, le plus puissant argument qu'un Chinois puisse faire valoir est d'immoler, sur l'autel de la Thémis d'occasion qui sert de justice en Chine, quelques sacs d'écus bien gonflés.

* * *

Aussi ce moyen est-il fréquemment employé auprès des officiers subalternes de la justice qui, pour rendre leurs arrêts dans l'ombre, n'en exigent pas moins que leurs justiciables aient beaucoup éclairé.

* * *

Le rôle de témoin, en Chine, n'est pas toujours des plus riants.

Il est exposé à recevoir des coups de rotin, selon que sa déposition plaît ou ne plaît pas aux juges.

De là une perplexité très-grande ; car, devant un tribunal où la justice se vend aux enchères privées, un témoin ne peut jamais deviner le sens dans lequel il doit déposer pour être agréable aux juges.

* * *

Les mandarins se font généralement remarquer par une grande impatience.

Ils ne peuvent pas souffrir qu'une cause soit plaidée longuement.

Cela se comprend : comme ils se font payer d'avance par

les parties, ils n'ont aucun intérêt à retarder leur dîner d'un quart d'heure pour écouter des arguments qui leur sont devenus inutiles.

* * *

Le seul moyen que l'on puisse employer pour se faire écouter d'un mandarin devant qui l'on plaide, c'est de lui faire un léger clignement d'œil, comme celui que l'on fait, en France, à un commissaire-priseur d'une vente publique.

Cela veut dire, en langage conventionnel et tacitement accepté :

— Je mets vingt-cinq francs d'honoraires de plus que mon adversaire !

* * *

Le mandarin, qui comprend ce langage, vous laisse continuer jusqu'à ce que votre adversaire lui fasse à son tour un autre clignement d'œil qui signifie :

— Je couvre l'enchère de vingt-cinq autres francs !...

* * *

A ce moment, il vous retire brutalement la parole et la repasse à l'autre partie.

Alors, si vous voulez continuer à vous défendre, il faut recligner de l'œil.

* * *

Deux clignements coup sur coup veulent dire : cinquante francs !

Trois : soixante-quinze francs !

Et ainsi de suite.

Quand on veut mettre une grosse enchère, on ferme rapidement les deux yeux en même temps, autant de fois que l'on veut ajouter cent francs.

* * *

En un mot, plus les plaideurs ferment l'œil, plus les juges ferment les yeux.

Les journaux satiriques de l'endroit disent qu'en Chine, plus que partout ailleurs, la justice se rend à l'œil.

La police est assez bien faite à Pékin.

Ce qui n'empêche pas les jeunes Chinois de se livrer quelquefois à des escalades non autorisées.

Mais y a un Dieu pour ces audacieux.....

Et quelquefois une déesse.

Nous disions donc que le Guet était à Pékin une chose sérieuse.

Les agents portent un double sabre, une pique et un fouet, — trois emblèmes de la paternité du gouvernement.

On pourrait croire qu'ils portent un sabre pour la forme, une pique pour les aider à marcher, et un fouet pour chasser les chiens.

C'est une erreur.

*\* \**

Double sabre, pique & fouet sont également destinés aux contribuables.

Il n'est pas besoin d'ajouter que ces trois outils ne servent pas exclusivement aux sergents de ville à indiquer leur chemin aux passants égarés.

Les agents s'en servent bel & bien pour faire aux citoyens les observations de grande et de petite voirie auxquelles ceux-ci peuvent s'exposer.

*\* \**

Chacune de ces armes a son application particulière.

Pour les petits délits, par exemple un Chinois s'arrêtant le long d'un mur, dans une position qui lui permet de prétendre qu'il lit les affiches, le fouet fonctionne avec vigueur.

*\* \**

C'est beaucoup plus expéditif que de rédiger un procès-verbal et de faire condamner le délinquant à seize francs d'amende.

*\* \**

Si celui-ci regimbe et a le malheur de dire à l'agent de police :

— Pourquoi me frappez-vous?

Immédiatement, il reçoit un grand coup de pique dans le dos.

*\* \**

Le double sabre n'opère que dans le cas où le délinquant, hors de lui, ne peut se contenir et traite le sergent de ville de *grand mufle!...*

Oh! alors, dans ce cas... le double sabre tournoie rapidement en l'air et retombe sur le rebelle, abattant tout ce qui se trouve sur son passage.

*\* \**

Tant pis pour le délinquant qui n'a pas tout à fait fini de.... lire son affiche.

Le sabre inexorable file de haut en bas... mettant tout à l'alignement.

\* \*

On a vu quelquefois des jeunes gens Chinois manquer de très-beaux mariages qu'ils étaient sur le point de contracter, par suite de ces abus de pouvoir des gardiens de la paix.

\* \*

Les Chinois partent de ce principe :
« *La nuit est faite pour dormir.* »
Aussi la police est-elle impitoyable pour les noctambules.
Une fois le soleil couché, il est impossible de circuler dans les rues sans s'exposer à mille désagréments.
Le moindre est d'être arrêté à chaque instant par les patrouilles.

\* \*

A la nuit tombante, les Chinois ont aussi l'habitude de fermer des barrières à chaque coin de rue.
Le passant attardé ne peut se les faire ouvrir qu'à prix d'argent.
Si l'on a été dîner en ville chez un ami et que l'on se soit oublié à table une demi heure de trop, on peut avoir quarante-deux francs de frais de barrière pour rentrer chez soi.

\* \*

Se couchant de bonne heure, les Chinois se lèvent naturellement à la pointe du jour.
Les rues sont pleines d'immondices que l'on ne balaie pas.
Mais les particuliers sont tenus d'arroser le devant de leur porte, afin que cela fasse plus de boue.

\* \*

La mendicité, nous avons déjà eu l'occasion de le voir, est organisée en Chine sur une grande échelle.
Les mendiants y forment une association, comme les garçons de café en France.
Cette association a ses lois, et un roi nommé à l'élection.

On choisit pour cette dignité le plus intelligent des mendiants, celui qui sait trouver les meilleurs procédés pour stimuler la charité des passants, soit par le désespoir de ses accents, soit par l'imitation de plaies ou d'infirmités.

On raconte qu'en 1865, la couronne avait été donnée à un gueux Chinois, si habile dans l'art de la dislocation, qu'il avait réussi à se faire passer pour mutilé pendant quinze années dans son quartier, bien qu'il jouît d'une constitution athlétique.

Il était parvenu à se rentrer aisément chaque matin les deux jambes dans le ventre, et il se promenait dans un baquet, sur les trottoirs, en qualité de cul de jatte.

Tout le monde lui donnait, bien entendu, et il avait amassé à ce jeu une quinzaine de mille francs de rentes.

Les incendies sont excessivement fréquents à Pékin.

A chaque instant, on est réveillé la nuit par des crecelles et des tambours qui annoncent le feu.

Les pompiers sont fort bien organisés, très-zélés, mais indisciplinés.

Au lieu d'agir rapidement sur le point qui leur est indiqué par leurs chefs, ils vont à leur fantaisie aux endroits qui leur conviennent le mieux.

Dans les incendies de nuit, tous veulent aller sauver les jeunes Chinoises endormies.

Les jeunes Chinoises savent cela....
Elles crient : Au feu!... pour une lampe qui file.

Un autre usage des pompiers chinois, lorsqu'ils arrivent sur le théâtre d'un incendie, c'est de ne pas essayer de le circonscrire vivement.

Leur premier soin est de faire ce que l'on appelle « la part du feu. »

Seulement, ils la font énorme, abandonnant souvent aux flammes bien des choses qu'ils pourraient sauver en se dépêchant un peu plus.

Mais... c'est dans leur caractère.

Aussitôt qu'ils sont parvenus devant une maison où le feu vient de se déclarer, ils font appeler le propriétaire et lui demandent ce qu'il a de plus précieux à mettre en sûreté.

.*.

Puis, pour savoir au juste la « *part du feu* » qu'ils doivent faire, ils interrogent ainsi l'incendié :

— Avez-vous des actions des *Galions de Vigo?*

— Oui... cinq cent trente.
— A quel étage sont-elles déposées?
— Au rez-de-chaussée.
— Bien... Avez-vous une belle-mère?
— Oui.
— A quel étage dort-elle?
— A l'entresol.
— Bien... ne la réveillez pas... Nous allons nous occuper de sauver la maison à partir du premier étage... le bas sera la « *part du feu*. »

Les pompiers sont très-aimés en Chine.

Ils rendent d'assez grands services pour cela.

\*\*\*

Les Chinois n'aiment pas les autopsies. Ils ont tellement l'habitude de voir des vivants s'ouvrir le ventre que l'ouvrir aux morts serait pour eux un plaisir sans aucun sel.

\*\*\*

Aussi ont-ils imaginé un livre de médecine légale, qui leur sert à définir la nature du crime, quand un Chinois a été assassiné ou qu'on le suppose.

Ce livre de médecine est une espèce de répertoire, par ordre alphabétique, des effets produits par les différents genres de mort violente.

Si le corps d'un individu, que l'on trouve ou empoisonné, ou assommé, ou noyé, ou étranglé, n'offre pas les signes officiels indiqués par le guide-âne médical en question, c'est lui qui est dans son tort, et la justice ne s'en occupe plus.

\* \* \*

Quelquefois il arrive que l'on trouve dans le fond d'un canal un Chinois qui, avant d'avoir été jeté à l'eau, a été assommé ou étouffé.

Le médecin expert arrive, met ses lunettes et examine le corps avec attention....

\* \* \*

La famille consternée attend les déclarations de l'homme de l'art avec anxiété.

Tout à coup, le médecin dit à l'un des témoins :

— Comment supposez-vous qu'est mort votre parent ?

La personne interpellée répond :

— Monsieur le docteur, voilà comment c'est arrivé : on l'a assommé d'abord, et on l'a ensuite précipité dans l'eau.

\* \* \*

Le médecin hoche la tête et ouvre son répertoire, qu'il consulte minutieusement.

Au bout de quelques instants, il le referme et dit :

— Si votre parent était mort comme vous le dites, d'après le code légal de la médecine, il aurait la plante des pieds complétement décolorée et l'écume à la bouche. Vous voyez qu'il n'en est pas ainsi. Or, la Faculté ne peut rien pour venger un mort qui ne se conforme pas à ses prescriptions. J'ai bien l'honneur de vous saluer.

Et il prend son chapeau et rentre chez lui, où il rédige son rapport ainsi :

« Nous soussigné, Ké-Krét-Hin, docteur, nous sommes
» transporté au domicile du nommé Kog-Kan-Boi, pour
» constater son décès.

» Plusieurs témoins nous ont déclaré avoir assisté au meurtre
» dudit Kog-Kan-Boi, qui, suivant eux, aurait été assommé,
» puis jeté à l'eau.

» Mais, ayant consulté notre code de médecine légale, et
» ayant reconnu que les assertions de ces témoins sont en
» complet désaccord avec les arrêts de ce code, nous avons
» décidé que le sieur Kog-Kan-Boi est mal fondé à prétendre
» qu'il a été victime d'un assassinat, et n'hésitons pas à le
» coucher sur nos livres au nombre des morts par abus de
» boissons alcooliques.

» En foi de quoi, nous lui avons délivré le présent.

» Docteur Ké-Krét-Hin. »

Il est un article du code pénal chinois qui nous paraît mériter les honneurs d'une mention spéciale.

C'est celui qui édicte la peine de mort contre tous les parents mâles d'un homme coupable d'avoir trempé dans un complot contre l'État.

Comme il ne faut rien exagérer, hâtons-nous d'ajouter que cette peine capitale n'atteint les parents du criminel que jusqu'au troisième degré.

\*\*\*

En vertu de cette législation, il n'est pas rare de voir un magistrat se faire amener un simple particulier, à qui il tient ce langage :

— Vous aviez pour parent, n'est-ce pas, un certain KAB-HAN-THOU?

— Oui, monsieur le président.

— Quel était le degré de parenté qui vous unissait à lui?

— C'était mon cousin, monsieur le président.

— Vous savez que ce KAB-HAN-THOU a été compromis dans un complot contre la sûreté de l'État?

— Non, monsieur le président, je l'ignorais.

— Cependant, puisque vous êtes son cousin!...

— Oui, monsieur le président; mais c'est un cousin que je n'ai jamais vu ni connu. Nos deux familles étaient brouillées depuis 1627, et je ne savais seulement pas où il demeurait.

— Très-bien!... Alors, je vous apprends que votre cousin KAB-HAN-THOU vient d'être condamné à mort comme conspirateur.

— J'en suis bien fâché pour lui, monsieur le président. Puis-je me retirer?

— Parfaitement!... mais entre deux gendarmes qui vont vous conduire au lieu du supplice.

— Oh! monsieur le président, je vous en supplie, épargnez-moi la douleur d'assister à l'exécution de ce malheureux!...

— N'ayez pas peur... vous ne le verrez pas décapiter.

— Ah! merci... monsieur le président.

— Oui... en vertu de la loi, vous devez être étranglé avant lui.

— Étranglé!...

— Sans doute!... en qualité de parent au troisième degré.

— Mais, monsieur le président, je n'ai pas conspiré, moi... je suis un humble négociant en denrées coloniales...

— La loi est formelle... Gendarmes, faites votre devoir!...

*\*\**

Nous sommes vraiment navrés d'avoir à narrer de semblables scènes à nos lecteurs; mais la tâche que nous nous sommes imposée nous en fait un devoir sacré.

Sans doute, de pareilles dispositions de la loi chinoise sont faites pour remplir le cœur d'une épouvante profonde, et peut-être même d'un peu d'indignation.

*\*\**

Beaucoup de gens trouveront souverainement injuste et barbare que l'on mette à mort un homme dont le seul crime est d'avoir un cousin qui en a commis un.

Mais il faut prendre la chose plus philosophiquement, et ne pas se hâter de trouver les Chinois aussi extravagants qu'ils peuvent le paraître au premier abord.

*\*\**

Que la nation où l'on n'a jamais fusillé de gens innocents, sous le prétexte qu'ils passaient dans la rue juste au moment où l'on cherchait des coupables, jette la première pierre à la Chine.

Nous croyons que ça ne cassera aucune porcelaine.

Si les Chinois sont en retard sur beaucoup de peuples, comme fabrication de bottines à élastiques, ils tiennent de beaucoup la corde dans la spécialité de la complicité criminelle.

Ce que nous avons vu plus haut, touchant la peine de mort appliquée aux collatéraux des malfaiteurs, est déjà très-réussi.

Mais les Chinois ont encore plus fort.

Ils ont décidé que le propriétaire d'un terrain ou de la maison où l'on trouve le cadavre d'un homme assassiné, est responsable du meurtre.

Cette disposition paternelle de la loi donne lieu à chaque instant à des scènes étonnantes.

Un soir, c'était en 1871, plusieurs Chinois étaient à dîner en ville, chez un riche industriel de Canton, nommé Krou-Tô-Po.

Le repas avait été très-gai, et l'on venait de servir le café, quand tout à coup la conversation prit un tour politique.

Monsieur Krou-Tô-Po était un très-ardent réactionnaire ; et sa manière de discuter était généralement violente.

Les invités, eux, étaient en général assez pacifiques, et se contentaient de débiter sentencieusement quelques lieux communs, qui avaient traîné dans toutes les feuilles catharreuses de Pékin, comme par exemple : « *Les Chinois sont ingouvernables.* » « *Il leur faut une main de fer.* » « *La Chine n'est pas mûre pour la République.* » « *La liberté, c'est la licence,* » etc., etc.

\*
\*  \*

Au nombre des convives de Krou-Tô-Po, cependant, se trouvait un certain Kan-Piss-Trac, radical effréné dont la véhémence ne le cédait en rien à celle de Krou-Tô-Po.

Avec deux têtes pareilles, la discussion ne pouvait tarder à devenir chaude.

Effectivement le ton de la conversation fut bientôt très-animé.

\*
\*  \*

En vain, madame Krou-Tô-Po et madame Kan-Piss-Trac, qui voyaient le danger, essayèrent de calmer leurs maris et tentèrent de couper court à la discussion en proposant une partie de trente-un.

Elles échouèrent.

\*
\*  \*

— Voyons, Henri, disait madame Krou-Tô-Po à son époux... tu n'es pas raisonnable de t'emporter comme ça... tu sais bien que chaque fois que tu parles politique... ça dérange ton bandage...

\*
\*  \*

De son côté, madame Kan-Piss-Trac tentait un effort désespéré auprès de son mari :

— Je t'en prie, Eusèbe, lui disait-elle... ne t'excites pas ainsi... tu vas encore rendre ton dîner, comme l'autre fois en sotrant de chez les God-Hiv-Har !...

Madame Kan-Piss-Trac gazait avec un tact inouï, car ce n'était pas en sortant de chez les God-Hiv-Har que Kan-Piss-Trac avait rejeté ses lentilles, mais bien à table, au moment où madame God-Hiv-Har l'avait traité de pétroleur.

En dépit de tous ses courageux efforts, la conversation s'envenima.

Et bientôt, aux honnêtes arguments de la loyale discussion, succédèrent les aigreurs et les personnalités.

Arrivés à ce point, les deux champions ne pouvaient plus être retenus par rien.

* * *

— Parbleu !... la belle malice d'être conservateur comme vous ! s'écriait KAN-PISS-TRAC avec un mauvais sourire. Quand on est à la tête d'une grosse fortune, on n'a aucun intérêt à ce que les institutions changent !...

* * *

— Oh !... répliquait KROU-TÔ-PO, non sans méchanceté, je connais beaucoup de démocrates, qui ne trouvent la société mal organisée que jusqu'au jour où ils commencent à s'y trouver bien !...

\* \* \*

— Est-ce pour moi, vieux *réac*, que vous dites cela ?...
— Parbleu !... Pour qui voulez-vous que ce soit, ignoble chapeau mou ?...
— Vous n'êtes qu'un rural !...
— Et vous un radicailleux !
— Gros poussah !...
— Aztèque crasseux !...
— Entripé !...
— Crève-la-faim !...

\* \* \*

Krou-Tô-Po était rouge comme un homard.
Kan-Piss-Trac était blême.
Séparés par la table, ils se montraient le poing, et allaient se précipiter l'un sur l'autre, par dessus les restes du gâteau de Savoie et de la tarte aux prunes....

\* \* \*

Heureusement, on les retint.
Madame Kan-Piss-Trac était parvenue à emmener son mari dans l'antichambre, et l'aidait à remettre son pardessus et son chapeau, en lui disant :
— Viens, Eusèbe !... viens, mon ange ; nous ne remettrons plus les pieds ici.

\* \* \*

Pendant ce temps, Krou-Tô-Po, frisant l'attaque d'apoplexie et maintenu sur sa chaise par deux invités, vociférait de toutes ses forces :

— Quand je te réinviterai à dîner chez moi, il fera chaud !...
espèce de viande à pontons !...

*<sub>*</sub>*

De l'antichambre, et tout en essayant de faire entrer dans la manche de son paletot son bras gauche, qu'il fourrait à tout coup dans la doublure déchirée, Kan-Piss-Trac répondait en hurlant :
— Tu peux bien les garder, tes repas somptueux, fruits de la sueur du peuple que tu as exploité pendant quinze ans !...

*<sub>*</sub>*

— Voyez ce misérable libre-penseur !... criait Krou-Tô-Po à ses invités ; il a repris trois fois du civet de chat aux queues d'artichauts... Et il insulte ma table maintenant !... Quand on mange le pain d'un homme, on doit au moins être de son avis !... Sale garibaldien !...

*<sub>*</sub>*

A ce dernier mot, Kan-Piss-Trac s'échappa des bras de son pardessus, qu'il n'avait encore pu parvenir à remettre, et de ceux de son épouse.

Il rentra dans la salle à manger et bondit vers Krou-Tô-Po d'un air menaçant, une fourchette à la main....

*<sub>*</sub>*

— Gredin !... s'écria-t-il, tu as insulté le libérateur de la Sicile !... Je vais me venger !...

Krou-Tô-Po s'était mis en défense, et brandissait le seltzogène, en disant :

— Je suis chez moi !... Si tu approches, je te fends la tête !... comme à un simple auditeur de Wagner...

— N'aie pas peur; je ne toucherai pas à ta sale peau, répliquait Kan-Piss-Trac... C'est justement parce que tu es chez toi que je vais me venger bien plus sûrement.

— Que veux-tu dire?
— Tu connais la loi chinoise, n'est-ce pas?

— Oui.
— Tu sais que le propriétaire d'une maison où la justice trouve un cadavre est responsable et condamné à mort?
— Oui.
— Eh bien, reprit Kan-Piss-Trac d'un air terrible et en brandissant sa fourchette, je vais me venger en te compromettant aux yeux de la justice.
— Que veux-tu faire?
— Ce que je veux faire!... Dans trois minutes, on trouvera un cadavre chez toi, là... ici... sur ton paillasson... Et demain, tu seras décapité!...

\* \*

En prononçant ces derniers mots, Kan-Piss-Trac levait sa fourchette.

— Le malheureux !... Il va se tuer ! s'écriait Krou-Tô-Po, arrêtez-le !

\* \*

— Me tuer ! reprit Kan-Piss-Trac avec un sourire plein de fierté, pour qui me prends-tu ?... Tiens !... regarde !...

. . . . . . . . . . . . . . . . . . . . . . . . .

Et d'un élan formidable, il plongea sa fourchette tout entière dans le cœur de Boull-Assah, un des invités qui n'avait pris aucune part à la querelle et était en train de se confectionner tranquillement un grog.

\* \*

Boull-Assah tomba raide mort.

Le lendemain, en vertu de la loi chinoise en question, Krou-Tô-Po était arrêté comme responsable de ce crime, la victime ayant été ramassée sur son tapis ; le surlendemain, il était condamné à mort & exécuté.

L'épisode que nous venons de raconter prouve assez l'excellence d'une loi très en faveur chez les Chinois.

Cette loi produit encore d'autres effets et donne lieu à beaucoup de scènes que nous ne pouvons énumérer ici.

※

Nous nous contenterons de signaler celle-ci :

Comme tous les propriétaires chinois savent très-bien à quoi ils sont exposés, si l'on trouve un cadavre dans leur jardin, ils ont soin, chaque matin, de faire une ronde autour de leur maison.

Et naturellement, quand ils y trouvent le corps d'un homme que des malfaiteurs leur ont jeté par dessus leur mur, après l'avoir assommé pendant la nuit, leur premier soin est de rejeter eux-mêmes ce corps par dessus le mur de leur voisin le plus proche, pour échapper à la terrible responsabilité qui pèse sur leur tête.

※

Seulement, comme tous les propriétaires font leur ronde à peu près à la même heure, il arrive que le cadavre découvert n'a pas le temps de séjourner une seconde dans un jardin.

Aussitôt que le propriétaire de la maison portant le n. 1 l'a trouvé, il le jette par dessus le mur du n. 3.

Le propriétaire du n. 3, qui est en train de passer son inspection, ramasse le corps et l'envoie dans le jardin du n. 5.

※

Celui-ci le relance au n. 7, lequel le flanque dans la cour du n. 9.

Le n. 9 s'en débarrasse en faveur du n. 11, qui en fait immédiatement offrande au n. 13.

Et ainsi de suite jusqu'au n. 377, si la rue a la longueur de la rue Saint-Honoré, à Paris.

* * *

Comme les assassinats sont encore assez fréquents en Chine, pour un homme placé sur un point assez élevé, au milieu d'un quartier, le coup d'œil de ces corps morts qui sautent sans relâche, lancés par des mains invisibles, par dessus les murs mitoyens, vers les six heures du matin, ne manque pas de pittoresque.

Ils s'entrecroisent avec une rapidité surprenante.

* * *

Quelquefois, quand les détrousseurs de coins de rues ont bien travaillé pendant la nuit, les propriétaires ne peuvent pas suffire, le matin, à débarrasser leur jardin des victimes qui y ont été jetées.

Ils lancent un cadavre chez leur voisin de gauche, et pendant ce temps ils en reçoivent deux de leur voisin de droite.

Souvent, on leur rejette le soir un corps qu'ils ont déjà expulsé le matin.

Alors, ils sont furieux.

* * *

Bref, c'est à qui ne se laissera pas trouver de cadavre chez soi par la police.

Quand un homme a été assassiné dans un quartier, des agents sont envoyés pour tâcher de retrouver le corps.

Mais jamais ils n'y parviennent.

* * *

Ils cernent bien toutes les maisons, mais à peine sont-ils entrés dans une cour que le propriétaire jette la preuve du meurtre chez son voisin.

Les agents courent, se démènent, vont à droite, à gauche, entrent brusquement ici, font irruption là....

Pendant ce temps, le cadavre disparaît de partout où ils sont, saute en l'air, dans les jardins, sur les toits, retombe, ressaute, rebondit, disparaît, et passe de mains en mains comme le furet du jeu si connu et si amusant que l'on joue dans nos campagnes.

Cela ne se fait pas toujours sans débats.
Les dames s'en mêlent.
Et il en résulte une peignée générale qui vient s'associer aux désagréments de l'assassinat.

Les châtiments infligés en Chine aux criminels, — et même à ceux qui ne le sont pas, comme partout, — sont des plus variés.

La haute cour d'appel de Pékin décide seule la mort; mais les autres tribunaux subalternes ont à leur disposition un catalogue de tortures si bien assorti, que les condamnés accueillent souvent avec joie le dernier supplice.

Les Chinois ont imaginé des supplices tellement épouvantables, qu'ils sont parvenus à faire trouver la peine de mort aimable & séduisante.

Aussi n'est-il pas rare d'entendre, en Chine, des conversations dans le genre de celle-ci :

— Tu as bien connu Rock-Han-Boll?
— Celui qui a été condamné au supplice des lavements de lames de canif?
— Oui, justement.

— Eh bien!... il vient d'être l'objet de la clémence impériale.

— Ah!... tant mieux !... ce pauvre garçon !...

— Oui... sa peine vient d'être commuée en celle de la strangulation.

*\*\**

Au nombre des peines les plus usitées en Chine, nous citerons, par gradation :
1° Les coups de bâton, depuis vingt jusqu'à cent.
2° Le carcan.
3° La prison.
4° Le bannissement.
5° Et la cangue.

*\*\**

Il n'y a pas grand'chose à dire des coups de bâtons. Tout le monde se rend compte de ce que cela peut être.

Les Chinois, surtout, n'éprouvent aucune difficulté à cet égard.

Les soldats de police prennent la peine de leur rafraîchir de temps en temps la mémoire.

Aussi, ne s'effraient-ils pas de ce supplice qui est, pour eux, une vieille connaissance, une menue monnaie qui circule...

Ils empochent, et tout est dit.

*\*\**

Le carcan n'aurait rien de précisément désagréable s'il était rembourré couvenablement et qu'on pût l'emporter avec soi. Il ferait l'effet d'une cravate à la Véron.

Ce célèbre docteur, qui inventa la pâte de Regnault, en porta un toute sa vie.

L'on a même donné le nom de carcan à certains colliers à la mode.

Le carcan chinois diffère de ceux-là.

Il a le premier tort d'être fixé à un poteau...

Et le tort plus grand encore d'être intérieurement garni de pointes de fer qui rasent singulièrement le patient.

Aussi les Chinois n'acceptent-ils par le carcan comme une distraction...

Au contraire.

* * *

La prison vient ensuite, ou avec, car on se tromperait en croyant que ces supplices s'excluent l'un l'autre.

Le cumul des peines n'est pas défendu.

Quand un condamné a affaire à un mandarin irascible, il n'est pas rare de le voir collectionner toutes les rigueurs de la loi.

En premier lieu, on le condamne à mort...

En second lieu, à une réclusion perpétuelle...

Ensuite, à recevoir cent coups de bâtons...

Et enfin, on l'exile.

* * *

Ces procédés rigoureux ont un résultat facile à prévoir.

C'est que le supplice du bannissement — à qui nous avons donné la quatrième place — n'est pas regardé d'un mauvais œil, par tout le monde.

Il y a là-dedans toute une question d'amour-propre, — dans laquelle le législateur a plongé.

* * *

La Chine est naturellement le plus beau pays du monde, — aux yeux des Chinois.

On sait qu'ils l'appellent l'Empire du Milieu, probablement parce que nous, Français, nous l'avons dans le dos.

Vous n'avez qu'à regarder les deux hémisphères, et à suivre la ligne...

Vous vous en rendrez compte.

※

Or donc, voilà ce qui se passe, quand un juge chinois est de méchante humeur :

— Accusé! dit-il d'une voix terrible, je vous condamne à la bastonade!

Si l'accusé connaît son affaire, il hausse les épaules en signe de mépris.

— Vous manquez de respect au tribunal? Qu'on le mette au carcan!

Ici, l'accusé fait un pied de nez à la Cour.

— Malheureux! vous insultez la Justice! Qu'on le charge de fers!

L'accusé se retourne et frappe sur la partie charnue qui forme le soubassement de ses reins; puis il souffle sur sa main comme pour envoyer cette claque au nez du Président.

Celui-ci devient bleu de colère; il suffoque; on n'a que le temps de l'emporter pour lui donner de l'air, pendant qu'il crie au greffier :

— La peine au-dessus!... La peine au-dessus!... Il faut avoir raison de cet endurci?

Le greffier feuillette le Code et voit, après la prison, le mot « Bannissement. »

— Ah! fait-il en se grattant le nez, vous êtes banni, accusé!

— Alors, je puis m'en aller? fait celui-ci.

— Sans doute, et ne vous avisez pas de revenir!

— Il n'y a pas de risque... bien des choses chez vous...

Et la justice est satisfaite.

De ces supplices, la cangue est assurément le plus original.

C'est une espèce de tonneau dans lequel est enfermé le patient, et qui ne laisse passer que sa tête.

Ce tonneau est placé debout sur le fond. Le malheureux, pris par le cou, n'a l'usage d'aucun de ses membres.

Pour qu'il vive, il faut que sa femme se dévoue et lui apporte sa nourriture, qu'elle lui fait manger.

Dans les premiers temps où l'on pratiquait ce supplice, on s'était servi sans réflexion de vieux tonneaux ordinaires, que l'on achetait, une fois qu'ils étaient vides, chez les cabaretiers de l'endroit.

Mais on ne tarda pas à s'apercevoir que ces tonneaux ne remplissaient pas les conditions d'un martyre assez complet.

On voulait une fermeture hermétique! et ces futailles avaient toutes eu, pendant leur période d'exploitation, une bonde qui avait naturellement laissé un petit trou rond vers le milieu de leur plus grande circonférence.

On renonça à l'emploi de ces barriques.

Et l'on en confectionna d'autres qui n'avaient pas le même inconvénient.

\*\*\*

A partir de ce moment, les statisticiens remarquèrent que les femmes des condamnés venaient moins souvent apporter à manger à leurs maris.

On en vit même quelques-unes les laisser mourir de faim.

\*\*\*

La peine de mort, en Chine, a été très simplifiée depuis quelque temps.

Elle ne se compose plus que de trois variétés :

La strangulation.

La décapitation.

Et la mort lente, autrement dite « le supplice des couteaux. »

\*\*\*

La strangulation présente peu de variétés : son principal embranchement est la pendaison.

\*\*\*

La pendaison a sa légende : on l'accuse de monter l'imagination — des condamnés.

Cela suffi pour la faire proscrire du Code chinois.

La question d'économie y est bien aussi pour quelque chose.

Les cordes ont une valeur intrinsèque...

Et on les remplace avantageusement par la longue queue de cheveux qui part du sommet des crânes des victimes.

Si bien que chaque Chinois peut se dire, en tressant sa mêche de cheveux, — non pas qu'il porte de la corde de pendu — mais de la corde pour se pendre.

*　*　*

Nous employons toutefois ce verbe dans un sens impropre.
Car on ne pend pas en Chine, — on étrangle.
On étrangle à l'amiable, en famille, de bon accord, et sans appareil fatigant.

*　*　*

On sait quelle affreuse mine ont les étranglés d'Espagne.
On leur serre le cou au moyen de *la Garrotte,* et ce genre de mort leur est si désagréable qu'ils expirent, en général, en faisant d'affreuses grimaces.
Il faut dire que la garrotte est un instrument sans grâce, une sorte de collier de fer, comme on n'en met qu'aux boules-dogues.
Et encore, quand on en met aux boules-dogues, on a soin de ne pas serrer si fort.

*　*　*

La Chine l'entend mieux.
Ses législateurs n'ont point oublié qu'elle était placée dans ce beau pays d'Asie, que les califes des Mille & Une Nuits ont rempli si longtemps de leurs aventures.

On connaît les us & coutumes de ces souverains absolus.

Quand ils avaient une insomnie, ils envoyaient leur bonne chez le mercier d'en face.

Elle achetait, par leur ordre, deux ou trois mètres de cordon de soie de première qualité.

Le calife se demandait, dans une agréable indécision, à qui il pourrait bien faire cadeau de cette passementerie.

Son choix tombait ordinairement sur un parent ou sur un ministre.

Celui-ci recevait le cordon avec force salamalecks, se le passait autour du cou et bénissait la Providence d'être enfin débarrassé d'une vie qui ne tenait qu'à un fil.

La nuit suivante, il dormait tranquille pour la première fois de sa vie.

\*\*\*

A peu de chose près, cette strangulation au lacet est celle que l'on préfère en Chine.

Nous n'avons pas à la critiquer.

Tous les goûts sont dans la nature.

\*\*\*

Entre la strangulation & la décapitation, il y a un supplice transitoire :

C'est le supplice des couteaux.

Le supplice des couteaux n'est pas banal, il s'en faut.

On attache le patient à un poteau....

Puis on apporte un panier couvert, rempli de couteaux sur le manche desquels est écrit le nom d'une partie du corps.

Chacun tire un couteau au hasard, et en plante la lame de toutes ses forces sur l'endroit du patient que désigne l'étiquette du manche.

Si le condamné a la chance que l'on tire du premier coup le *couteau-cœur*, il est tué raide; tant mieux pour lui.

Mais, s'il n'est pas veinard, et que tous les autres couteaux sortent avant, il peut être lardé comme un fricandeau avant de rendre le dernier soupir.

\*\*\*

Dans ce détail se révèle tout à fait l'imagination des Chinois.

Et l'on ne peut nier que cette application fantaisiste du jeu de loto soit des plus ingénieuses.

\*\*\*

Le mot de loto n'est pas absolument exact...

Car, aux chances du hasard se joignent celles de l'adresse.

Les bourreaux peuvent en outre avoir des distractions.

Un ami obligeant, désireux d'abréger les souffrances d'un patient, vise le cœur, se trompe, et lui envoie le couteau dans le nez.

Auquel cas, il se confond en excuses et dit au condamné, — qui l'a dans le nez :

— Mon Dieu! que je vous demande pardon!

\*\*\*

Il n'est d'ailleurs pas permis de s'y reprendre, — à moins qu'on ne prennent un autre couteau.

Tous ceux qui ont porté sont officiellement acquis au supplicié...

Pendant un certain temps, du moins.

Car, avant l'inhumation, le bourreau a soin de récolter ses couteaux, et de les mettre en réserve, pour une autre occasion.

※

Il y a quelquefois des déficits dans le compte des couteaux.
Le monde est si peu délicat!

Tantôt c'est un passant qui offre à l'exécuteur de lui donner un coup de main. Celui-ci y consent. L'intrus empoche un superbe canif à trois lames et s'en va en disant :

— Ma foi! cela fera plaisir à Half-Red.

Tantôt c'est le patient qui cligne de l'œil pour se débarrasser d'un couteau entré dans l'orbite, et qui le fait tomber dans l'herbe où on ne le retrouve pas.

※

Quand le bourreau fait sa petite vérification, il est naturellement aux cent coups.

Et l'on en a vu appeler filous les défunts, et leur faire honte de leur négligence.

— On vous en donnera des petits couteaux pour les perdre! disent-ils.

※

Le supplice des couteaux a encore un autre inconvénient.

La belle-mère d'un des derniers suppliciés, Kar-Touch, en fit la pénible expérience.

Elle avait voulu se repaître des tortures de son gendre, et s'était placée à quelque distance du poteau fatal.

※

Malheureusement pour elle, l'exécution avait été confiée à des bourreaux aspirants, passablement maladroits.

Les premiers couteaux lancés divergèrent en éventail autour du condamné.

La bonne dame eut peur et voulut fuir.

Elle aurait mieux fait de s'effacer.

Quelques couteaux vinrent plonger dans la cible... offerte par la fugitive...

Au même instant le condamné était frappé au cœur.

Un bonheur n'arrive jamais seul.

.*.

Nous n'avons plus, avant de clore ce chapitre coquet et séduisant des supplices chinois, qu'à jeter un dernier coup d'œil sur le procédé de décapitation en usage chez ce peuple intéressant.

Les Chinois ont, en tout, une horreur profonde de la mécanique.

Ils veulent tout faire à la main.

Aussi ont-ils enveloppé, dans le mépris dont ils honorent les machines à coudre, les glacières Toselli, les lessiveuses mécaniques, &c. &c... et cet engin de camelotte que nous appelons la guillotine.

.*.

Ils trouvent que M. Roch n'est qu'un vulgaire manœuvre, sans aucune valeur artistique, avec son appareil qui n'exige aucun coup d'œil, aucune précision, aucune adresse...

La décapitation, chez les Chinois, se fait à la main, au moyen d'un sabre très lourd.

.*.

Et comme l'a si bien dit le *Tintamarre* :

C'est alors que, pour un bon bourreau, le principal talent « *consiste à ne pas manquer son cou.* »

.*.

Du reste, les bourreaux sont en général d'une grande habileté.

Et les Chinois citent avec un mâle orgueil le célèbre bourreau en chef du terrible vice-roi Yeh, qui abattait sans se gêner sa douzaine de têtes en cinq minutes.

Il faut dire que ce vice-roi déclarait lui-même qu'il avait fourni à son équarrisseur les moyens de se faire la main, en lui envoyant plus de cent mille victimes en moins de deux ans.

La dextérité de ce bourreau était telle que, vers la fin de sa carrière, il ne se servait plus d'aides, quelle que fût la quantité de condamnés qu'il eût à exécuter.

Il les faisait placer tous en rang, sur une seule ligne, le long du trottoir d'une rue bien droite.

Puis il prenait son sabre, montait sur un vélocipède, et partait à fond de train.

Au fur et à mesure qu'il parcourait le front de la haie des condamnés, les têtes de ceux-ci tombaient, moëlleusement fauchées.

\*\*\*

Quand il y avait deux rangs, il faisait le voyage aller et retour.

A la seconde tournée, il était obligé naturellement de se servir de la main gauche.

Ça allait tout aussi bien.

\*\*\*

Je ne veux pas dire que ce procédé soit applicable à tous les peuples.

Il y en a qui le discuteraient.

Des esprits révolutionnaires seraient même capables de tendre la jambe & de faire dérailler le vélocipède légal.

Mais les Chinois n'ont pas même eu cette pensée.

\*\*\*

Quand on prépare une exécution de ce genre, ils en prennent leur parti, et cela ne leur ferait pas omettre une seule des salutations ordonnées par les rites.

Ils vont au supplice comme s'ils allaient prendre le thé.

Et pour le reste, ils s'en remettent à la Providence.

\*\*\*

Le caractère de ce peuple dénote une rare docilité, unie à une forte dose de fatalisme.

Ce à quoi il tient avant tout, c'est qu'on ne le dérange pas dans ses petites affaires.

Il a la puissance de l'obstination.

Et cela me rappelle une anecdote qui remonte à l'occupation de la Chine par l'armée franco-anglaise.

\* \* \*

Elle s'est passée à Canton.

Les Chinois, qui sont de grands visiteurs, se voyaient fréquemment à cette époque de troubles, afin d'échanger des nouvelles & des potains.

On les voyait sortir tous les soirs, comme des fourmis affairées, portant chacun une petite lanterne, car un Chinois sortirait plutôt sans caleçon que sans lanterne.

\* \* \*

Ces falots ambulants agaçaient les alliés.

Et la mode, parmi les Français & les Anglais qui couraient des bordées, était de courir sus aux lanternes pour les briser d'un coup de canne. — Vlan!...

Après quoi, ils riaient de cette excellente farce.

\* \* \*

Le Chinois s'arrêtait, regardait le dégat, haussait légèrement les épaules et s'en allait avec les débris de sa lanterne.

Le lendemain il en apportait une autre — qu'on lui cassait également.

Le surlendemain il en apportait une troisième...

\* \* \*

« On se lasse de tout » est un proverbe commun en Europe; — les Chinois ne se lassent de rien.

Au bout d'un mois, Anglais & Français commençaient à trouver moins de charme à briser les lanternes chinoises.

Puis ce passe-temps finit par leur paraître horriblement monotone...

Et les Chinois en portaient toujours.

\* \* \*

— On n'a pas idée d'un pareil crétinisme! s'écriaient les alliés... Il faut que ces imbéciles portent des lanternes!... On a beau les leur casser, ça n'y fait rien!... Sont-ils BARBARES!!!

. . . . . . . . . . . . . . . . . . . . . . . . . . . . . . . . . .
. . . . . . . . . . . . . . . . . . . . . . . . . . . . . . . . . .

*<br>* *

Ici s'arrêtent les notes recueillies sur la Chine par l'*Homme volant*.

Après avoir étudié les mœurs de ce peuple chez lequel il était tombé malgré lui, l'*Homme volant* s'occupa de faire réparer son appareil, afin de pouvoir revenir en France.

*<br>* *

Il nous annonçait tout récemment son départ de Pékin et son arrivée à Paris pour le lendemain.

Mais nous recevons à l'instant de lui le télégramme suivant, qui prouve que, cette fois encore, il n'a pas été le maître de son itinéraire :

*<br>* *

« Éditeur *Tour du Monde tintamarresque*,

» Paris.

» Ailes de nouveau détraquées pendant que étais en l'air. — » Croyais descendre place Concorde. — Suis tombé bords » Tamise. — Fais rafistoler appareil. — En attendant, vais prendre notes sur Angleterre. — Vous enverrai si voulez. »

*<br>* *

Nous attendons les notes annoncées et les publierons sans retard.

FIN DE LA PREMIÈRE PARTIE.

Meaux. — Imprimerie A. COCHET.

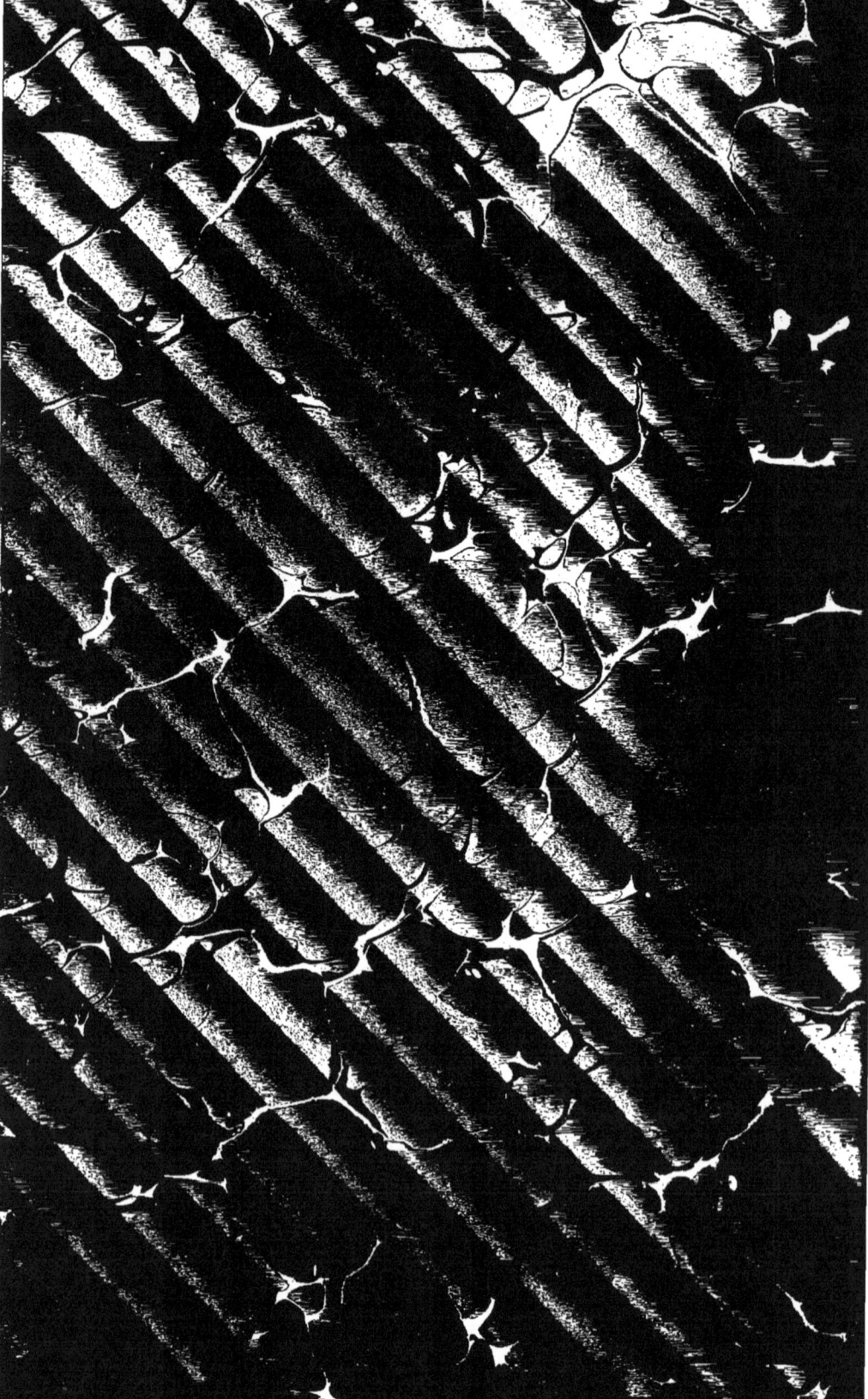

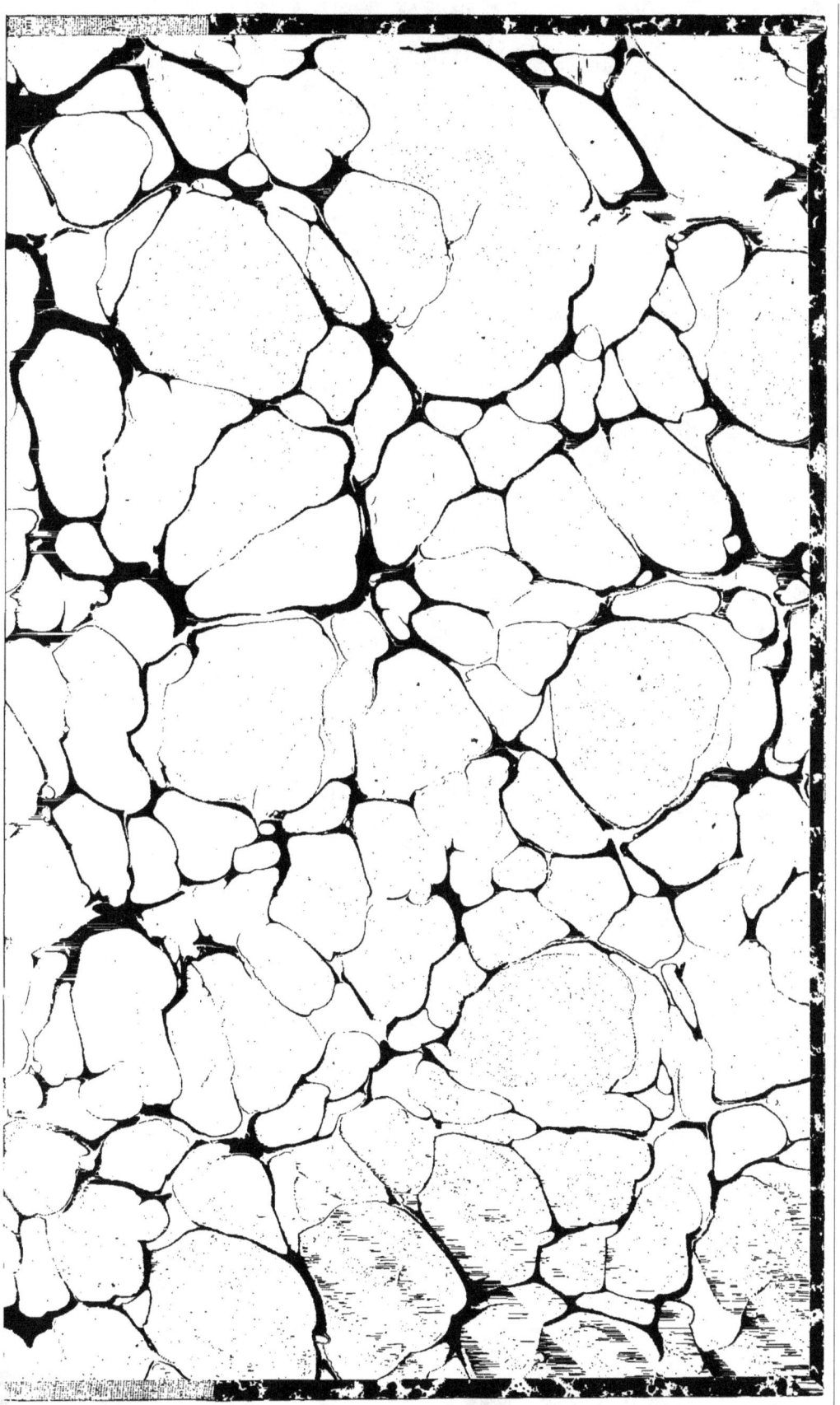

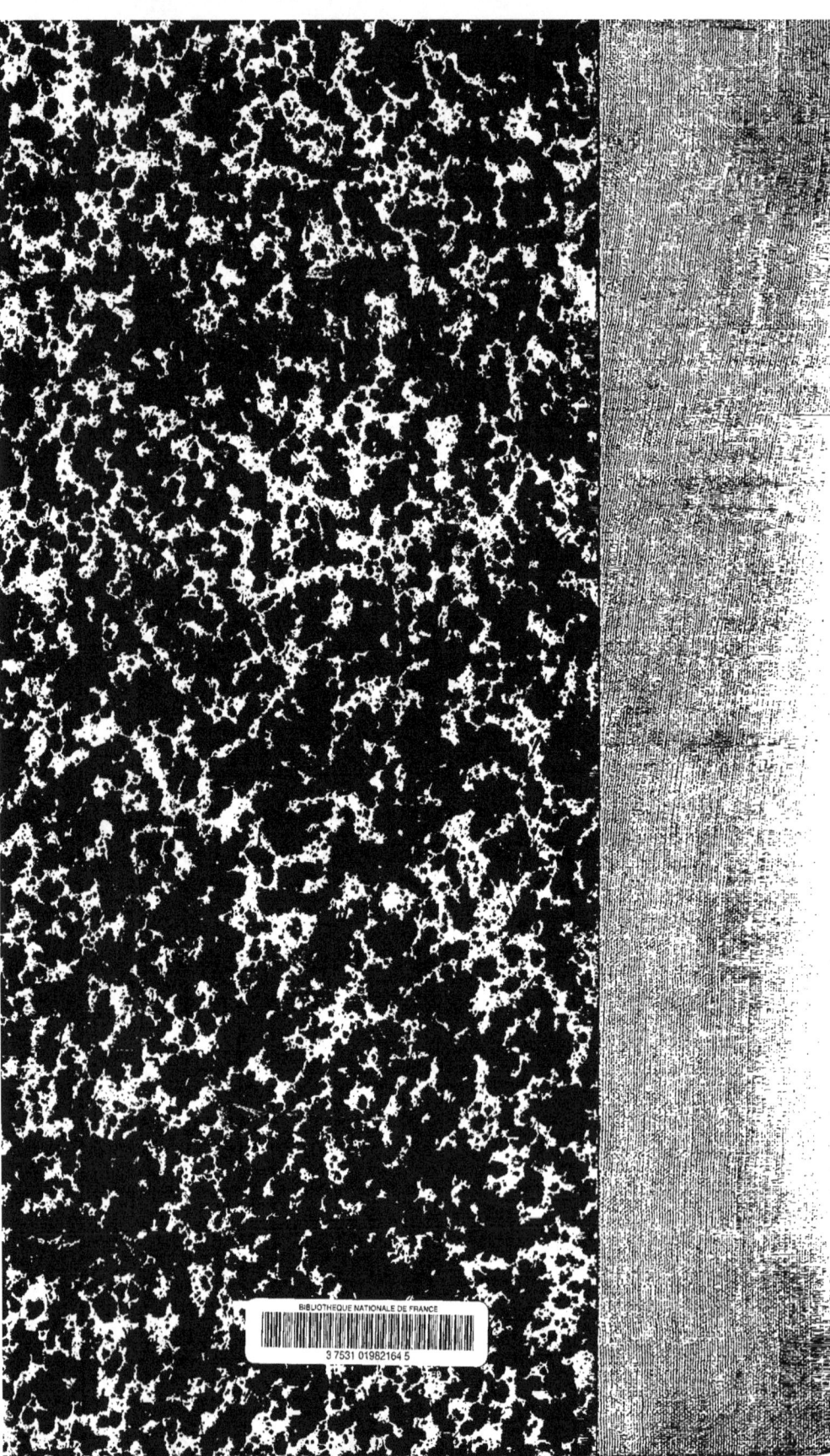

www.ingramcontent.com/pod-product-compliance
Lightning Source LLC
Chambersburg PA
CBHW060527090426
42735CB00011B/2399